Moi Ismaël, un musulman d'ici

DANS LA MÊME COLLECTION

Djihad, Librio n° 1200

Ismaël Saidi

Moi Ismaël, un musulman d'ici

Librio

Bienvenue dans ce voyage

Aussi loin que je me souvienne, et si je devais trouver un élément fondateur de ma condition de Belge musulman, je crois que ce serait le jour de ma circoncision. Je sais, vous vous dites, « c'est quoi ce bouquin qui commence par une scène gore » ? Ben c'est ma vie, et puis c'est pas si gore, je vous rassure, vous risquez de vous plaire dans ce voyage que je vous ai concocté.

En même temps, je sais que ça peut paraître incongru de choisir comme élément fondateur le jour où une partie de mon corps a été coupée. Mais je crois que c'est un jour où je me suis demandé pourquoi ça m'arrivait à moi, seulement à moi !

Je suis le deuxième d'une famille de cinq, j'ai un grand frère, deux petits frères et une petite sœur ; et il se trouve que mon grand frère, pour je ne sais quelle raison, a eu droit à une circoncision « à l'hôpital », sous anesthésie.

Les deux autres aussi, mais moi, par je ne sais quel obscur acharnement du sort, j'ai vécu la circoncision « 3D surround » à la maison. Je m'en souviens très bien : je suis assis là, au milieu du salon, habillé d'une djellaba « courte sur pattes », des traces de tatouages sur le visage, et ce vieux barbu qui s'approche de moi. Il me sourit, me demande de regarder le petit oiseau qui passe au-dessus de ma tête, et paf ! Un coup de ciseau, une douleur aiguë, je tourne de l'œil et me réveille quelques heures plus tard au milieu de cris de youyou et de jouets disséminés autour de moi.

J'avoue que la présence de jouets m'a fait rapidement oublier le piège dans lequel on m'avait jeté, et la douleur a rapidement disparu. Plus de peur que de mal, finalement.

Voilà l'élément fondateur dont je me rappelle le plus. C'était la première fois que je vivais quelque chose de différent, que je ne pouvais pas raconter à mes camarades de classe de l'école de l'Annonciation.

C'était la première fois que je me sentais… si seul, finalement… et si différent…

Pourtant, ça avait bien commencé. Je suis né ici, dans une commune populaire[1]. Mes parents sont arrivés du Maroc à la fin des années soixante et mon père a rapidement gravi les échelons en devenant chef de sa propre petite entreprise de taxi.

Mais, avant d'en arriver là, mon père a d'abord dû passer par la case immigration catégorie D ; en gros, ça veut dire qu'il s'est retrouvé entassé dans une camionnette à l'âge de vingt ans, au milieu de treize autres frères de douleur, traversant la mer, deux pays, et tout ça en trois jours avant d'arriver, effrayé, affamé, sur la rue Stalingrad à la gare du Midi. Mon père nous a souvent raconté son arrivée à Bruxelles. Son dégoût dès les premières minutes où, seul dans la rue, il cherchait le soleil qu'il n'arrivait pas à voir dans le ciel, lui qui venait de cette ville éclatante qu'était Tanger, où le bleu se mélangeait à la lumière d'un soleil omniprésent.

Il nous a aussi raconté comment, par la décision suprême d'un employé communal mal luné, son nom, « Dahman Saidi », est devenu « Saidi », car, toujours d'après sa sainteté le fonctionnaire communal mal luné, « *c'est plus facile, plus court et plus concis* ».

Il nous a souvent raconté son arrivée, le parcours du combattant pour retrouver l'adresse d'une amie de la famille qui servait de point de chute à de nombreux immigrés de Tanger. C'est chez elle qu'il a logé les premiers mois, seul, sans ma mère. Il avait déjà rencontré ma mère et l'avait déjà épousée quelques mois auparavant, à Tanger.

Ne me demandez pas pourquoi, c'était une méthode typique de l'époque ; tu rencontres une fille, tu l'épouses et tu te casses. On en rit encore avec ma mère aujourd'hui. On lui dit : « *Maman, c'est une technique commerciale, papa a laissé un acompte pour être sûr qu'il n'y aurait pas de rupture de stock quand il reviendrait au bled.* »

Après quelques mois, il a compris qu'il devait ramener ma mère et que cette immigration allait durer un peu plus que quelques mois. Pendant ces mois de solitude, mon père faisait comme la plupart des immigrés, il s'enregistrait sur une cassette audio. Une

---

1. Je suis né à Saint-Josse et j'ai grandi à Schaerbeek.

cassette ? Vous ne savez pas ce que c'est ? Alors, si vous lisez ce livre et que vous avez moins de trente ans, pas besoin de vous jeter sur Wikipédia, je vais vous expliquer : c'était un objet en plastique dans lequel se trouvait une bande magnétique qui… quoi ? c'est quoi une bande magnétique ? Heu… en fait… une cassette… c'était un truc pour s'enregistrer, ça vous va, ça ? Parfait !

Donc, mon père envoyait cette cassette à ma mère, le voyage de la cassette durait des semaines, ma mère recevait la cassette, l'écoutait et s'enregistrait dessus. C'était leur *whatsapp* à eux ; pas de smileys, pas de vidéo, mais déjà de l'audio et surtout, beaucoup d'amour. Le problème, c'est que la culture de la pudeur est viscérale chez nous, donc mon père ne pouvait pas lui envoyer des mots d'amour sur bande magnétique vu qu'il n'y avait qu'un seul lecteur de cassette pour toute la maisonnée, et que ma mère devait écouter la missive devant toute sa famille, qui se composait de onze frères et sœurs.

De son côté, mon père ne pouvait non plus enregistrer des mots sulfureux vu qu'il s'enregistrait entouré de tous ses colocataires immigrés qui se partageaient à cinq ou six un deux pièces dans un quartier pauvre de Bruxelles ; du coup, ils ont rapidement appris à parler en code. Alors, pour se dire « je t'aime », ils se disaient un truc du genre « il fait chaud », ou encore, « ici les nuits sont plus longues qu'au Maroc ». Et ça a duré des mois, jusqu'à l'arrivée de ma mère.

Elle nous a toujours raconté qu'elle avait été très déçue lorsqu'elle a découvert l'appartement de mon père. Je suppose que dans une des cassettes, mon père avait dû lui donner un code qu'elle n'avait pas réussi à déchiffrer, et elle a dû croire qu'elle mènerait la vie de château.

À propos de château, son arrivée coïncida avec l'engagement de mon père en tant qu'interne dans un château à Londerzeel, au service d'une comtesse. Mon père en tant que cuisinier, et ma mère en tant que femme de ménage. Ils y sont restés deux ans. Mon père aimait bien son travail et en a gardé de très bons souvenirs alors que ma mère hausse les épaules à chaque fois qu'ils les racontent. Je crois que le métier de femme de ménage a dû être beaucoup plus éprouvant pour elle que ne l'était le métier de cuisinier pour mon père.

Au bout de deux ans, ma mère est tombée enceinte de mon grand frère, et mon père décida que ce n'était pas l'endroit pour rester avec un enfant. Ils quittèrent le château, au grand désespoir du comte qui s'était habitué à ce couple de domestiques « exotique », et revinrent à Bruxelles où mon père avait trouvé un travail comme cuisinier dans un hôpital, ma mère restant à la maison jusqu'à la fin de sa grossesse et, finalement, jusqu'à aujourd'hui.

La naissance de mon grand frère, Zakaria, a donné des ailes à mon père qui décida de passer son examen pour devenir taximan. Il avait amélioré son français depuis son arrivée en Belgique. Notre grande chance, à mes frères, ma sœur et moi, a toujours été que nos parents n'étaient pas illettrés. Mon père, au contraire, était arrivé jusqu'au baccalauréat au Maroc, ce qui était quasi l'équivalent d'un diplôme universitaire aujourd'hui.

Son seul malheur était qu'il avait fait ses études en arabe classique et qu'il n'avait pas suivi de cours de français pendant son cursus. Et Tanger n'étant pas une ville francophile, mais plutôt hispanophile, il se débrouillait très bien en espagnol, mais pas beaucoup en français.

Il a donc réussi son examen pour devenir taximan, a acheté avec toutes ses économies une licence de taxi et a commencé à travailler comme indépendant, ce qui était, pour lui, le summum de la réussite sociale.

C'est dans cette période d'euphorie familiale que je suis né. Ma naissance a coïncidé avec une rencontre spéciale pour ma mère, rencontre qui contribuera à construire mon identité : au-dessus du petit appartement de mes parents habitait une dame, dont je n'ai d'ailleurs jamais connu le prénom et que j'ai appelée « Madame » toute ma vie.

Madame avait quatre-vingt-sept ans et vivait seule. Elle avait remarqué ces nouveaux voisins et les regardait avec curiosité. Mes parents l'avaient à peine remarquée, car, comme tout bon immigré, ils ne posaient pas beaucoup de questions et ne voulaient surtout pas qu'on leur en pose.

Un soir, d'après ce que Madame et ma mère me raconteront des années plus tard, je n'arrivais pas à dormir et je hurlais, j'avais à peine quelques semaines.

Madame frappa à la porte de l'appartement de mes parents et ma mère ouvrit la porte : une discussion surréaliste eut lieu entre ces deux femmes que tout opposait.

« Bonsoir, je suis votre voisine d'en haut, j'ai entendu votre enfant pleurer, je crois qu'il a une bronchite. J'ai eu des enfants, vous savez, madame, c'était il y a bien longtemps et j'ai été infirmière pendant la guerre. Si vous voulez, je peux vous aider. »

Ma mère n'avait pas compris le moindre mot, mais les deux femmes se sont regardées, se sont scrutées et ma mère l'a laissée entrer dans l'appartement.

Je parlerai encore beaucoup de Madame car, depuis ce soir-là, elle ne m'a plus jamais quitté, jusqu'au jour de sa mort, à quatre-vingt-dix-neuf ans, dans une maison de repos à Ostende, quelques jours avant ses cent ans qu'elle attendait tant pour recevoir, comme quelques centenaires avant elle, la visite du roi.

Elle s'occupait de moi tous les jours, me soignait, aidait ma mère à me laver. Dès l'âge de quatre ans, elle a dit à ma mère qu'il fallait commencer à m'apprendre à lire pour que je prenne de l'avance. Elle me ramenait des livres et les déchiffrait avec moi. Elle s'amusait même à m'apprendre de très vieilles chansons pour enfants.

D'ailleurs, lorsque je prenais le métro avec ma mère, je chantais ces chansons et des vieilles dames s'approchaient de ma mère pour lui demander où j'aurais pu apprendre ces chansons si vieilles, alors qu'il était clair que « nous n'étions pas d'ici ». Ma mère leur répondait avec fierté : « *C'est sa madame qui lui a appris.* » Les dames ne comprenaient pas trop cette réponse, mais s'amusaient à chanter avec moi.

Ah oui, un truc que j'ai jamais compris : pendant qu'elles chantaient avec moi, elles s'amusaient à passer leurs mains dans mes cheveux « crolés »[1]. Elles disaient à ma mère qu'elles ne voyaient pas souvent ce genre de chevelure et qu'elles trouvaient ça très beau. Moi, ça me tapait sur le système, je me sentais comme un mouton de l'Aïd que mon père caressait avant d'acheter.

Ainsi, de fil en aiguille et grâce à Madame, j'ai appris à lire à cinq ans et je faisais les devoirs avec mon frère Zakaria, qui a deux ans de plus que moi. Elle m'a inculqué un amour incommensurable des livres, elle m'en ramenait tout le temps et je les dévorais aussi rapidement que les morceaux de tarte au riz qu'elle ramenait avec elle.

1. Expression en vieux bruxellois qui veut dire « bouclés ». Du style, « Il a de belles croles », « Il a de belles boucles ».

Lorsqu'elle a déménagé, nous avions mis en place un rituel avec Madame : elle venait chez nous tous les dimanches. Elle prenait le tram et nous l'attendions, mon frère Zakaria et moi, à l'arrêt du tram 90 qui se trouvait place des Bienfaiteurs, à Schaerbeek. Elle descendait par l'avant du tram, Zakaria prenait sa canne et moi je prenais son sac. Nous l'aidions à descendre et, une fois en équilibre sur la terre ferme, je lui prenais le bras et Zakaria prenait son sac, et nous marchions avec elle jusqu'à la maison.

Elle regardait mes devoirs de la semaine, corrigeait ce qui restait à corriger et me donnait mon cadeau : un livre. Je courais le dévorer dans ma chambre pendant qu'elle regardait le journal télévisé. Elle adorait la cravate du présentateur, puis elle voulait regarder *Dimanche Martin*, car elle aimait beaucoup Jacques Martin. Nous terminions l'après-midi devant cette fameuse tarte au riz en regardant *L'École des fans*, puis mon père prenait son taxi et nous emmenait tous avec lui pour la déposer chez elle. Ce rituel a duré des années…

… Où Nana Mouskouri tient une place spéciale tout comme les hosties et les câbles électriques

L'école la plus proche de la maison était une école catholique, l'école de l'Annonciation. Elle était mixte jusqu'en deuxième primaire[1], et on devait y porter l'uniforme. Le vendredi, c'était catéchisme, et, un mercredi par mois, on se rendait à l'église Sainte-Alice de l'avenue Dailly à Schaerbeek pour chanter des chansons de Nana Mouskouri et manger l'hostie.

C'était dans cette école que mon père m'avait inscrit, comme il avait déjà inscrit mon grand frère avant moi. Il avait été clair avec le prêtre qui nous donnait le catéchisme : « *Monsieur, tu peux le prendre à l'église, c'est pas grave, mais tu lui donnes pas le pain sans levure, d'accord, monsieur ?* »

Le prêtre avait promis qu'on ne mangerait pas d'hostie, mais je dois avouer que je ne me suis pas gêné pour en manger. C'est vrai, quoi, y'avait pas de raison que je sois discriminé par mon propre père pendant que les autres élèves s'en donnaient à cœur joie !

J'ai quand même été un peu déçu par le goût ; ça ne goûtait rien, en fait. Les chansons de Nana Mouskouri, ça, par contre, c'était une autre paire de manches.

D'ailleurs, si vous pouviez, cher lecteur, m'expliquer l'immense amour que porte l'église catholique à Nana Mouskouri, je vous en saurais gré. J'ai jamais compris pourquoi on devait chanter en boucle *Petit Tambour* en criant « popopompom » debout devant le curé. Mais bon, c'était comme ça à l'école de l'Annonciation, et je ne dérogeais pas à la règle.

1. Équivalent du CE1 dans le système scolaire belge.

C'est marrant, mais j'aimais beaucoup l'ambiance des églises, l'écho de nos voix, ce côté solennel, cette impression d'être dans un endroit sacré, et puis la beauté des fresques. C'était vraiment beau et en total contraste avec la mosquée du quartier.

Six ans, c'est encore trop jeune pour prier, la prière n'étant réellement obligatoire qu'à la puberté. J'avais donc encore le temps, mais c'était le bon âge, d'après mon père, pour apprendre l'arabe. Il n'y avait pas encore de vrai cours d'arabe à Bruxelles, et la seule solution que nos parents avaient trouvée, c'était de payer l'imam de la mosquée pour qu'il nous apprenne le Coran, et accessoirement l'arabe.

La mosquée se trouvait quelques rues plus bas, c'était une ancienne « fabrique » de miel désaffectée qui avait été réaménagée en espace de prière. En gros, un grand local avec des tapis sur le sol et des étagères le long de murs sur lesquels trônaient des exemplaires du Coran. Au sud est, le minbar, la chaire sur laquelle se place l'imam lors du sermon du vendredi, était placé contre le mur. On pouvait le bouger afin de gagner de la place les autres jours de la semaine. À l'entrée de la mosquée, il y avait une deuxième porte, pour permettre aux femmes d'avoir accès à la salle de prière des femmes. Les hommes et les femmes prient séparément et ne se voient pas. Un gros haut-parleur était disposé dans la salle de prière des femmes pour qu'elles puissent faire la prière et suivre le rituel même sans voir l'imam.

À la cave se trouvait le local pour les ablutions : en gros, des toilettes turques et un grand banc devant une dizaine de robinets.

À ce sujet, je n'ai jamais compris cette fâcheuse manie, encore aujourd'hui, de placer des toilettes turques dans les mosquées. Ce que j'appelle les toilettes « turques » sont des toilettes qui se composent d'un trou à même le sol et d'une espèce de cuvette sur laquelle sont dessinées deux empreintes pour placer ses pieds.

C'est horrible et hyper compliqué, parce qu'il faut avoir un sacré bon équilibre pour tenir sur le « trône invisible ». Comme au Maroc, à l'époque, la majorité des toilettes étaient comme ça, je suppose que c'est pour cette raison, par nostalgie, qu'ils ont reproduit les toilettes à l'identique ; d'ailleurs j'y reviendrai plus loin.

Donc, eux avaient de l'entraînement et leurs mollets pouvaient tenir des heures dans une position plus qu'inconfortable ; mais nous ?!

Nous, on avait l'habitude des toilettes « normales », à la maison, à l'école, à l'église, enfin partout, quoi, et là, on devait mettre en place une gymnastique des plus compliquées pour ne pas tomber.

Si j'insiste énormément sur les toilettes des mosquées, ce n'est pas parce qu'elles ne m'inspirent pas plus que ça, ni par revanche sur ces longs moments de solitude passés à essayer de ne pas avoir des crampes, mais parce que l'école arabe se trouvait juste là !

Pas dans les toilettes, mais dans un local juste à côté, entre la chaudière et le local poubelle. C'est là qu'on avait cours d'arabe et d'« éducation islamique » tous les mercredis après-midis et les samedis matins. Comme il n'y avait rien d'officiel, pas de programme, pas de cursus, pas de classe, pas de niveau, nous étions une trentaine d'élèves de tous âges : ça allait de six ans à quinze ans… Et on suivait tous le même cours.

Le professeur… non… en fait, je ne peux pas désigner l'homme en djellaba et à la barbe rousse qui nous « gardait » comme étant un professeur… Ce ne serait pas juste pour lui, ou pour les professeurs.

Le gardien, donc, était un homme qui venait de débarquer du bled. Il ne parlait pas un seul mot de français ; dans certaines mosquées, comme il était berbère, il ne parlait pas un seul mot d'arabe non plus, et avait appris le Coran au Maroc, à la dure. Comme il ne connaissait que cette méthode, il l'appliquait à la lettre.

En début d'année, on recevait un petit livre orange en arabe, que nos parents devaient acheter dans une librairie arabe de la gare du Midi, où des mots d'arabe étaient écrits en dessous de dessins. Le problème, c'est que certains dessins, faits à la main, étaient incompréhensibles, et la qualité du papier et de l'impression tellement mauvaise qu'on n'y voyait rien. On ne savait pas si les dessins représentaient une tomate ou une vache, et il fallait apprendre par cœur le mot arabe écrit en dessous.

On devait aussi apprendre un chapitre (sourate) du Coran par cœur. On commençait par la fin du Coran : en effet, l'ordre des chapitres dans le Coran est quasi un ordre décroissant, et les plus petits chapitres, faciles à apprendre, se trouvent en fin de Coran. Le problème, c'est que la majorité des petites sourates commencent par l'injonction au Prophète « Dis ». « Dire », se dit en arabe « Qala », mais le « k » n'est pas vraiment un « k », c'est une lettre qui n'existe pas dans les sonorités des autres langues.

C'est une spécificité de l'arabe, et pour dire le « Qaf » (ق), il faut l'avoir appris dès la prime enfance. En bons francophones que nous étions, nous ne savions donc pas dire cette lettre, et nous la remplacions par un simple « k ».

Ça mettait le gardien en rogne, et, du coup, il mettait en pratique les méthodes apprises au bled, à savoir l'éducation par le câble électrique : il enroulait un câble autour de son bras et nous fouettait avec à chaque fois qu'on n'arrivait pas à prononcer la lettre.

Le corps ayant une très bonne mémoire et la douleur étant très bonne conseillère, nous avons fini par apprendre cette lettre assez vite, mais ça n'a pas fait disparaître le câble pour autant.

Beaucoup d'entre nous s'étaient plaints à nos parents des coups que nous recevions, nous qui n'en n'avions pas du tout l'habitude, surtout à l'école catholique que nous fréquentions. Certains parents refusaient d'intervenir, car on leur avait appris au pays que tout était bon pour apprendre le Coran, même les coups.

D'autres parents, comme mon père, considéraient que le câble était peut-être un peu trop radical comme méthode d'apprentissage et en avaient parlé au gardien : du coup, il a décidé de changer de méthode et a choisi la latte en bois sur les mains ou sur les pieds.

Ça faisait mal, mais au moins ça ne laissait pas de traces...

D'ailleurs, les coups ne pleuvaient pas seulement quand on n'arrivait pas à réciter des lettres arabes, ils pleuvaient aussi lorsque nos parents oubliaient de payer leurs cotisations mensuelles. C'était une espèce de mise en demeure officielle.

L'école de l'Annonciation n'acceptait les garçons que jusqu'en deuxième primaire[1]. Après, il fallait quitter l'école, car elle devenait une école pour jeunes filles. C'était ma première déchirure sentimentale. Je me sentais tellement bien dans cette école, j'avais tellement de copains et de copines. La majorité de mes copains étaient orientés vers une autre école catholique, un peu plus huppée, mais mon père a préféré m'inscrire à l'école communale qui se trouvait au coin de la rue. C'était beaucoup plus facile d'y aller à pied.

Je suis donc passé de l'école catholique à l'école communale. C'était l'école communale numéro 10. Malgré mes appréhensions, j'y ai passé des années merveilleuses.

1. CE1.

Nous n'étions pas beaucoup de musulmans dans l'école, tout au plus une grosse dizaine, et les cours de religion islamique étaient interdits dans la commune, mon père m'a donc inscrit aux cours de morale laïque[1]. Du prêtre au libre penseur, il n'y avait qu'un pas que mon père franchissait allègrement, sans trop se poser de questions.

J'aimais beaucoup le cours de morale, j'adorais les fables de La Fontaine qu'on décortiquait pendant le cours, ça me changeait de Nana Mouskouri. Le dimanche, je les racontais à Madame qui m'en racontait d'autres, du coup, je les racontais au professeur de morale qui était fier de voir à quel point son cours faisait des émules.

Je n'ai juste jamais compris l'histoire du flambeau rouge dessiné sur la porte, mais comme personne n'a jamais pris la peine de nous expliquer ce qu'elle voulait dire, je m'en foutais un peu.

Bon, je dois avouer que j'ai été infidèle à la morale laïque, assez souvent ; en fait, tous les dimanches !

Bien sûr, je suis musulman, donc, par essence, je ne suis pas le prototype parfait du « libre penseur laïque », mais, en plus, le dimanche, je devenais, le temps d'une petite heure, témoin de Jéhovah !

En fait, je ne le devenais pas vraiment. Le dimanche matin, deux témoins, en général un homme et une femme, faisaient du porte-à-porte pour prêcher la bonne parole. Dans mon quartier, personne ne les laissait entrer, mais moi je savais qu'ils donnaient des livres, et j'aurais damné mon âme et tous les saints de la Terre pour un bon livre, quel qu'en soit le contenu. Du coup, je leur ouvrais la porte, demandais à ma mère, ma complice, de leur faire du thé, je les faisais entrer dans le salon et je les laissais me raconter comment sauver mon âme de la damnation en attendant patiemment qu'ils me donnent le fameux livre.

Quand ils quittaient la maison, je m'enfermais dans ma chambre et je dévorais le bouquin en quelques heures. C'était des livres qui parlaient des prophètes, de Jésus, de l'enfer et du paradis. Ça ne correspondait pas tout à fait aux choses apprises à l'école arabe ou à l'école catholique, mais je m'en foutais un peu tant que je pouvais lire.

1. Dans l'enseignement de l'État en Belgique, les parents ont le choix entre plusieurs cours : religion catholique, protestante, musulmane, israélite. Et pour ceux qui sont athées : cours de morale laïque, qui peut s'apparenter à un mix de cours d'éducation civique, de philosophie, et de morale.

Après quelques « séances de troc thé contre marchandise », mon père a découvert le pot aux roses et m'a demandé de ne plus les laisser entrer. Entretemps, j'avais fait le tour de tous leurs livres, donc la séance avait perdu de son intérêt.

À l'école, en cinquième primaire[1], la commune a décidé de finalement accepter de donner des cours de religion islamique aux enfants, à la grande joie de mon père qui m'y a inscrit *illico presto*.

Le professeur était la copie conforme du gardien de l'école arabe, sauf qu'il parlait un peu le français. Quand je dis un peu, c'est vraiment un peu, parce que j'ai vécu une expérience de « perte en traduction » assez intéressante avec ce professeur.

Un jour, j'étais assis avec mon copain Abdelaziz en classe de religion, nous étions quelques élèves, une demi-dizaine tout au plus, lorsque je lui ai demandé ce qu'il allait manger à midi. Lorsqu'il m'a appris que le steak était au menu de son repas, j'ai crié : « *J'adore le steak !* » Ni une, ni deux, le professeur s'est rué sur moi, m'a tiré l'oreille au point de me l'arracher, a pris mon journal de classe et y a inscrit un « 0 » avant de m'éjecter de la classe. Il a pris soin de m'expliquer la raison de mon renvoi avant de claquer la porte derrière moi : « *On n'adore que Dieu !* »

Quoi ???? Il était barjo au point de croire que j'allais m'agenouiller devant un steak ou lui vouer un culte permanent ? Mais j'avais eu beau lui expliquer qu'« adorer » voulait dire « aimer beaucoup » et que je jurais fidélité au Dieu des musulmans, j'ai quand même eu droit à ce zéro pointé.

Une autre de ses méthodes consistait à nous faire peur pour que le message passe et, franchement, ça passait. Un jour, pour nous parler des ablutions obligatoires après avoir uriné ou déféqué (rassurez-vous, il n'a jamais utilisé ni le mot « uriner », ni le mot « déféquer », trop compliqué pour lui, mais il a réussi à nous faire comprendre quand même), il nous a expliqué que si on ne se lavait pas l'organe après avoir uriné, nous serions pendus par « nos zizis » en enfer.

L'image était horrible pour un garçon plein d'imagination comme moi, mais j'avoue que la méthode a bien fonctionné et, aujourd'hui encore, dès que j'entre dans une toilette, je cherche une source d'eau pour être sûr d'éviter, dans l'au-delà, la « pendaison par l'organe ».

1. CM2.

Enfin, Dieu (et pas le steak) merci, la direction de l'école a décidé de couper court à l'expérience « religieuse » et, l'année d'après, le professeur a été renvoyé, et nous sommes retournés au cours de morale.

Tiens, à propos d'imagination, c'est à la fin de l'école primaire que j'ai commencé à avoir un comportement bizarre. En effet, les voisins se plaignaient à mes parents de me voir parler tout seul dans la rue en allant faire les courses au supermarché discount du quartier.

Pire encore, mon petit frère refusait de m'accompagner sous prétexte que je lui « *foutais la honte* » dans la rue, car je parlais tout seul. Mes parents n'ont jamais trop compris cette habitude que j'avais, et ils ont bien essayé de la corriger, mais rien n'y faisait. Je ne m'en rendais pas trop compte, mais dès que j'étais seul, je disparaissais dans mes pensées, inventais des personnages et je leur parlais.

Cette différence avec mes frères et les autres, je la vivais comme une véritable souffrance ; je ne comprenais pas pourquoi ça n'arrivait qu'à moi.

Et cette fâcheuse tendance à la rêverie me causait bien des soucis ; par exemple, lorsque mon père m'envoyait faire des courses, j'étais tellement loin dans mon imaginaire que j'oubliais la moitié de ce que je devais acheter, et j'en étais doublement puni.

— Il le fait exprès pour qu'on arrête de l'envoyer faire des courses, lui disait ma mère.

— Je sais, c'est un vrai fainéant, répondait mon père, en me punissant.

Ils ne comprenaient pas, et moi non plus. Je n'en pouvais plus d'oublier, j'essayais de créer une méthode pour ne pas divaguer, mais rien n'y faisait et, dès que mon esprit le pouvait, il s'évadait...

Mais la vie m'a permis de comprendre que ce qui était une tare dans mon enfance était en fait une force, et cette imagination débordante est devenue mon gagne-pain (j'y reviendrai plus loin). Il y a de cela quelques années, je tournais une série dont j'étais aussi l'auteur, au Maroc. Pendant le tournage, il arrivait souvent que des scènes doivent être réécrites.

Alors je me levais, je m'éloignais du moniteur et... je me mettais à parler tout seul, comme avant. Mais là, il s'est passé un truc bizarre : j'ai entendu la productrice dire à mon équipe :

« Laissez-le, il est en train de créer... » Je me suis arrêté net, je les ai regardés et j'ai pensé à mon père.

« Papa, c'est ça que je faisais avant, je te jure, je ne le faisais pas exprès... Je suis un artiste et un artiste, ben, c'est pas normal, ça fait des choses différentes. »

J'avais envie de le lui dire, mais je n'en ai pas eu besoin. Je crois qu'il a fini par comprendre.

D'ailleurs, aujourd'hui, je suis père moi aussi, et je vois ce regard perdu dans les yeux d'un de mes enfants. Je sens quand il part, quand il disparaît pour « créer ». À l'école, ils appellent ça « un trouble de l'attention », ou « TDA », pour bien cataloguer les enfants, encore une fois. Mais je sais que ce n'est pas ça. Je sais où il va, je le sais car j'ai encore les clés de ce lieu magique où son esprit divague pour ramener des merveilles.

Je le laisse alors partir et j'attends qu'il revienne et jamais, jamais je ne l'empêcherai de rêver car je sais, moi, qu'il ne le fait pas exprès.

Ma dernière année de primaire était une année spéciale. C'est l'année où je suis tombé amoureux pour la première fois. Elle s'appelait... non... en fait... je ne vous donnerai pas son nom, je le garderai pour moi. Bref, cette fille est entrée en classe un matin de septembre, et je n'arrivais pas à la quitter du regard. Elle était si belle et moi si timide, si maladroit, jamais je n'aurais osé lui parler. Alors le jour où j'ai appris qu'elle s'était inscrite à l'atelier théâtre de l'école, j'ai décidé d'en faire de même. C'était une bonne méthode pour m'approcher d'elle. J'ai donc participé à la première rencontre un mercredi après-midi à l'école, et nous devions lire chacun un extrait du texte pour que l'instituteur puisse savoir quel rôle nous prendrions. Je la regardais du coin de l'œil pendant qu'elle lisait, puis vint mon tour. J'ai commencé à lire, et l'instituteur était très étonné de ma diction qui était, d'après lui, superbe. J'aurais dû lui dire que je devrais remercier les témoins de Jéhovah et leur livre pour ça, mais je ne crois pas qu'il aurait compris, donc j'ai juste souri. L'instituteur m'a désigné pour jouer le rôle de... l'avare de Molière.

Jouer Harpagon pour ma première fois sur scène, c'était un sacré challenge, et tout ça parce que je n'avais pas eu assez de cran pour révéler ma flamme à cette fille dont j'étais amoureux. Je m'étais encore une fois mis dans de beaux draps. Mais lorsque j'ai commencé à répéter le texte chez moi, il s'est passé quelque chose de magique. Ça rentrait tout seul ! En moins d'une semaine, je connaissais le texte par cœur et je commençais à le déclamer dans ma chambre. En plus, cerise sur le gâteau, j'avais une excuse pour parler tout seul devant mon petit frère.

Du coup, les répétitions à l'école, en plus d'être une excuse pour me retrouver un peu plus près de cette fille, étaient une bulle d'oxygène dans ma vie. Je déclamais, je jouais et je m'amusais. Je découvrais la scène, et c'était juste magique !

Le soir de la première, après avoir vécu le plus grand moment de stress de ma vie, j'ai joué devant une salle pleine de parents qui m'ont applaudi à tout rompre après la fameuse scène du monologue. J'aimais la chaleur des projecteurs, le bois de la scène qui grinçait sous mes pieds, les coulisses et leur « vie hors du temps », bref, comme m'avait dit cet instituteur après m'avoir serré dans ses bras en fin de spectacle, « *Tu as des planches !* ».

J'ai perdu cette fille de vue en même temps que j'ai perdu la scène pendant mes années d'errance. Le destin me les a fait retrouver, toutes les deux, « vingt ans après ».

Les vacances au Maroc : back to the roots !

Après l'école, un moment particulier pour l'enfant d'immigré que j'étais, c'était le retour au Maroc. Tous les étés, nous retournions au Maroc. C'était LE voyage de l'année. Un voyage que ma mère préparait pendant des mois. Elle entassait minutieusement des vêtements qu'elle achetait pendant l'année pour offrir à sa famille. Mon père étant son propre patron, il pouvait se permettre de partir quand il voulait, sans demander de congé. Donc, dès le dernier jour d'école, la voiture était prête et nous pouvions partir le lendemain.

Alors, je sais à quoi vous pensez, vous imaginez le gros « cliché » des camionnettes bourrées jusqu'à la gueule et aux porte-bagages entourés de bâches bleues ou vertes ainsi que les rideaux sur les vitres arrière des voitures... Eh bien tout ça... c'était vrai ! Sauf que mon père détestait cette image et, du coup, il n'a jamais posé de porte-bagages sur sa voiture. On prenait le strict minimum, mais ma mère cuisinait pour nous et empaquetait tout dans le coffre.

Ça sentait la nourriture pendant tout le trajet ! On était trois derrière, et ma mère dormait sur son siège. C'est marrant, ma mère, dès qu'elle s'installait sur le siège avant, elle dormait. Et, à l'arrivée, elle jurait ses grands dieux qu'elle n'avait jamais dormi et qu'elle avait suivi tout le trajet. Mon père, pour s'occuper, mettait de la musique égyptienne. Farid Al Atrache ou Abdelhalim : qu'est-ce que ça nous emmerdait, j'ai jamais compris comment faisaient les Égyptiens pour avoir des chansons qui durent une heure ! Chaque face de cassette (les cassettes ? J'ai déjà expliqué, on fait attention derrière, mais si, rappelez-vous) durait une heure. Et, dès que ça finissait, on attendait derrière avec notre cassette de Michaël Jackson pour que mon père la mette dans la radio comme promis. Mais c'était sans compter sur l'autoradio « auto-reverse ». Kezako ? Ben les cassettes (hey, là-bas, le lecteur du fond, on se réveille et on m'explique ce que c'est !) avaient deux faces et il fallait sortir la cassette, la retourner et la remettre dans la radio pour écouter la deuxième face. Comme un disque, quoi ! Un quoi ? Un compact-disc ? Nan, ça c'est un CD ; je parle de disque. Comment ça, c'est quoi un disque ? Mais enfin, c'est pas vrai ! Un disque en vinyle ? Bon, j'abandonne. Imaginez juste que la cassette devait être retournée, comme un steak, voilà ! Ça, vous connaissez ? Ouf ! Mmh, peut-être que le steak n'est pas un bon exemple ; depuis l'épisode du « j'adore le steak », j'ai un peu peur de ce morceau de viande. Utilisons plutôt la crêpe comme exemple ; voilà, on retourne la cassette comme une crêpe.

Revenons à nos moutons, en l'occurrence, les trois assis à l'arrière. Nous attendions donc que la cassette s'arrête afin que le supplice des voix chevrotantes de Farid Al Atrache et de mon père (oui, parce qu'il se mettait à chanter, aussi !) s'arrête et qu'on puisse respirer et danser aux sons de « Thriller ». Et là : enfer et damnation ! L'autoradio de mon père était un appareil ultra-moderne qui retournait tout seul les cassettes ! Non ! C'était reparti pour une heure. Et ça durait comme ça pendant les trois jours qui séparaient la Belgique du Maroc.

Pardon ? Oui, vous avez bien lu : trois jours ! C'était horrible. On traversait la France et là, ça allait, ça ressemblait à la Belgique, c'était moderne et il y avait des aires de repos. Sauf la traversée de Paris. C'était le cauchemar de tous les Marocains à l'époque. Pas de GPS, pas de carte et beaucoup d'illettrés sur la route, et cette satanée ville de Paris a un nombre incalculable de « portes ». On savait que c'était la porte d'Italie qu'il fallait emprunter, mais si jamais tu la ratais, tu pouvais passer des jours à essayer de retrouver ta route. On retrouvait sur la route des « immigrés » perdus qu'on aidait. J'ai même entendu une légende urbaine sur une famille qui n'aurait jamais trouvé la porte d'Italie et qui se serait perdue sur le périphérique. Aujourd'hui encore, leurs fantômes immaculés hanteraient le périphérique à la nuit tombée…

On rencontrait sur la route des frères de douleur aux grandes camionnettes qui nous racontaient s'être fait « racketter » par la police française pour éviter la pesée. La pesée ? Ben, c'est comme quand vous pesez les bestiaux, sauf que là ils pesaient la camionnette avec. Et comme les camionnettes étaient toujours chargées au-delà du poids légal, les policiers menaçaient de saisir la camionnette ou... de fermer les yeux en échange de ce qu'ils appelaient « un café ».

J'ai toujours cru que les paquets de café que ma mère achetait avant d'aller au Maroc étaient des cadeaux pour la police. J'ai compris, bien plus tard, qu'ils ne parlaient pas d'expresso en grains, les gars.

Sur la route, le racket ne faisait que commencer ; à la douane entre la France et l'Espagne, il fallait mettre des billets dans nos passeports pour éviter les fouilles. C'est pas qu'on avait des trucs à cacher, mais le gars avec sa camionnette avait mis une semaine à en charger le moindre millimètre, et ça lui prendrait autant de temps pour décharger et recharger. Et ça, les policiers le savaient. Donc ils faisaient semblant de vouloir fouiller, le chauffeur était paniqué, il donnait son passeport avec de l'argent, le policier remettait le passeport au chauffeur, un salut et le tour était joué.

On arrivait enfin en Espagne, et là : c'était le tiers-monde ! L'Espagne n'a pas toujours été ce magnifique pays où vont s'échouer les vacanciers grabataires ou les jeunes en manque de boîtes de nuit. L'Espagne de mon enfance était un pays encore en train de se développer. Sans autoroutes, sans aires de repos, avec des montagnes énormes à gravir en voiture, et pour certains en camionnette. Nombreuses étaient les camionnettes qu'on rencontrait sur la route, sur la pente de Sommosierra, à l'arrêt, le capot ouvert avec de la fumée qui s'en échappait. Nombreux étaient les accidents mortels aussi, lors desquels des familles entières s'échouaient dans les grands ravins qui bordaient les routes sans protections. Chaque année, nous entendions des récits de personnes qui n'avaient jamais pu atteindre leur destination.

C'était aussi le pays de tous les dangers : nous étions la cible préférée des voleurs. En fait, il faut savoir que très peu « d'immigrés » avaient des cartes de crédit à l'époque, et l'euro n'existait pas encore, donc tout le monde se retrouvait avec des sommes considérables dans les voitures. En francs français, en pesetas, en francs belges et en dirhams. Une manne d'or pour les voleurs qui attendaient que les voitures se garent pour dormir sur un parking pendant la nuit pour dévaliser les voyageurs.

Du coup, les « immigrés » faisaient preuve d'une magnifique solidarité, et on avait répertorié plusieurs endroits où on se retrouvait pour dormir sur la route. Il y avait toujours quelqu'un qui montait la garde, et chaque voiture choisissait un occupant pour monter la garde autour de la voiture. Ça créait des rencontres et des liens entre les voyageurs. Car il faut savoir que les « immigrés » venaient de partout. On se retrouvait avec des « Marocains » d'Italie, des « Marocains » de France, des « Marocains » de « Hollande », etc.

Arrivés enfin à Algesiras, le port d'où nous prenions le bateau pour aller au Maroc, c'était le chaos ! Ce port n'avait pas été créé pour recevoir autant de voitures et de visiteurs, et nous passions parfois deux jours à dormir à même le sol en attendant l'arrivée de notre bateau. Pas de Croix-Rouge, pas d'eau, pas d'aide, rien que le soleil qui tapait et des esprits surchauffés déjà fatigués par un long voyage dangereux. Quand on prenait enfin le bateau, re-chaos : trop de monde dans le bateau, ça courait dans tous les sens, ça hurlait, ça vomissait à cause du mal de mer, bref, c'était encore une vision d'horreur. De plus, le bateau mettait 2 h 30 pour traverser les maigres petits quatorze kilomètres qui séparaient Algesiras de Tanger. C'était horriblement long...

Nous allions avec mon père sur le pont, ma mère restait en bas, car elle avait le mal de mer, et mon père nous racontait ses histoires du Maroc. Ce pays qu'il affectionnait tant, qu'il était si heureux de retrouver. On ne voyait rien d'autre que la mer, rien à l'horizon, rien, rien... et puis... et puis...

Tout à coup, un minaret au loin, le vent changeait, les odeurs changeaient, la chaleur changeait, tout changeait...

Même les yeux de mon père changeaient, ils s'emplissaient de larmes. Le deuxième amour de sa vie était là et s'offrait à lui. Celle qu'il a dû quitter malgré lui, qui lui a brisé le cœur, était là et tendait les bras vers lui. Le détroit s'ouvrait pour nous laisser passer, les montagnes s'écartaient pour nous laisser entrevoir les ruelles de la médina : Tanger était là, devant nous !

Nous nous approchions de plus en plus et la ville devenait complètement visible, mon père était surexcité, et nous aussi. Nous étions enfin arrivés, enfin arrivés à bon port.

Bon, l'arrivée à la maison de mon grand-père, par contre, ce n'était pas pour tout de suite. Arrivés au port de Tanger, on était de nouveau parqués comme des bœufs, et on devait attendre que la police vienne vérifier nos passeports et que les douaniers viennent vérifier les chargements.

Et hop, on remettait « le café » dans le passeport et ça allait beaucoup plus vite. Après trois jours de racket, on n'allait pas faire les fines bouches. Comme nous n'étions pas trop chargés, les policiers savaient qu'ils ne gagneraient pas grand-chose avec nous et nous laissaient passer plus vite (merci papa d'avoir empêché maman de prendre plus de bagages). On sortait du port et... enfin Tanger !

C'est au moment où on quittait le port que j'ai toujours eu une pensée pour les autres voyageurs, ceux qui devaient encore aller jusqu'à Marrakech, Agadir, Ouarzazate, Taroudant et qui en avaient encore pour plusieurs jours de route avant d'arriver chez eux.

Nous, par contre, on arrivait enfin dans la vieille médina de Tanger. C'était magnifique. Mes yeux d'enfant étaient émerveillés en découvrant ces ruelles vieilles de plusieurs centaines d'années et où la voiture de mon père ne pouvait pas passer. Ma grand-mère habitait un quartier qui s'appelait « Bab Bhar », ce qui veut dire « la porte de la mer », et il y avait réellement une porte qui donnait sur la mer. C'était une ancienne porte fortifiée qui bloquait l'accès à la ville. Y'avait même un canon à côté de la porte. Lorsqu'on descendait la petite ruelle, on traversait une autre porte, Bab Haha, et on arrivait devant la maison de ma grand-mère.

Oubliez les sonnettes, il y avait une espèce d'arceau en fer forgé sur la porte, et il fallait le soulever et le relâcher sur la porte pour qu'il fasse du bruit ; une sonnette à l'ancienne, quoi. Les habitants de la médina avaient aussi mis en place un système astucieux d'ouverture automatique des portes : ils avaient fait un petit trou sur la porte, y avaient fait passer une ficelle qui était reliée à l'ouverture intérieure de la porte. En tirant sur la ficelle, on ouvrait la porte. Bon, comme il n'y avait pas de GSM à l'époque, ma grand-mère ne savait pas exactement quand on arrivait, donc on ne pouvait pas activer « l'ouverture automatique », elle avait fermé à double tour. Il fallait donc réveiller tout le quartier en « claquant l'arceau » sur la porte.

Nos vacances commençaient dans cette maison, une petite maison où toute la famille s'entassait. On se regroupait tous chez ma grand-mère, toutes les tantes, les cousins, les cousines, on était une cinquantaine. Et on s'amusait comme des fous.

Il y avait une pénurie d'eau dans toute la ville, donc l'eau était coupée toute la journée. La ville rouvrait l'eau de trois heures à cinq heures du matin. On laissait des jarres en dessous des robinets, on ouvrait les robinets et on allait dormir. Dès qu'on entendait le bruit de l'arrivée de l'eau dans les tuyaux, on se levait et on passait deux heures à remplir les jarres et à se mouiller aux cris de « *l'eau est là ! L'eau est là !* ». C'était pas grand-chose, mais ça nous amusait.

Comme aller à la fontaine toute la journée pour ramener de l'eau, ou encore aller au « four public » pour y déposer le pain que ma grand-mère venait de pétrir. À Tanger, on avait cette impression d'avoir voyagé dans le temps.

Plus rien ne ressemblait à Bruxelles, tout était différent. Mais tout n'était pas « beau ». Les toilettes par exemple, ça restera un choc ! Vous vous souvenez quand je vous ai expliqué le coup des toilettes turques dans les mosquées ? Eh bien au Maroc, chez ma grand-mère, c'était ce genre de toilettes qu'il y avait, et le soir j'avais peur d'y aller, car elles se trouvaient à l'étage du bas et nous dormions en haut. Ma grand-mère venait avec moi et elle descendait lentement les escaliers, car elle avait des rhumatismes. Elle m'accompagnait et m'attendait devant la porte. Dans la toilette, le « trou à même le sol » était recouvert d'une pierre. Je me souviens d'une conversation surréaliste que j'ai eue avec ma grand-mère qui m'attendait derrière la porte, un soir.

— Grand-mère, il y a une pierre sur le trou, c'est normal ?

— Oui, mon enfant, soulève-la.

— Pourquoi vous posez une pierre sur le trou ?

— C'est pour empêcher les rats de remonter, mon enfant.

Vous imaginez ma tête ? J'étais déjà accroupi lorsqu'elle m'a sorti cette énormité. J'ai sursauté et couru à l'extérieur des toilettes. Des rats ! Et s'ils remontaient pendant que…

J'ai eu la peur de ma vie et j'ai essayé d'éviter les toilettes pendant toutes les vacances. Mais à part ces quelques frayeurs, les vacances étaient un moment magnifique, comme pour tous les enfants, sauf qu'il y avait les rencontres avec une famille qu'on ne connaissait pas, des cousins qu'on découvrait, mon père qui adorait nous faire visiter son quartier, son ancienne école… Les vacances étaient un retour aux origines, finalement.

C'était le moment où mon père essayait de reconstituer notre arbre généalogique qui était complètement inexistant. Vous devez comprendre, cher lecteur, que nous vivions assez bizarrement le fait que, pendant l'année, nous n'avions pas de famille. En effet, mes amis pouvaient retrouver leurs grands-parents pendant les fêtes ou pendant les week-ends, et ceux-ci leur racontaient des histoires familiales, des anecdotes, toute la mythologie nécessaire à la création d'une identité familiale. Ce que j'appelle les mythes fondateurs d'une famille. Mais nous, non ! Nous n'avions que nos parents. Ça avait l'avantage de créer un lien solide avec nos parents et un sentiment « tribal » de protection. Alors, quand on était au Maroc, mon père, qui avait très bien saisi cette problématique, s'évertuait à recréer le lien.

« *Lui, c'est ton oncle, lui c'est ton cousin, c'est ici que je jouais, demande à ton grand-père.* » Mon père passait son temps à reconstituer ce qui n'existait pas en fait. Et moi, j'étais juste heureux de découvrir que nous n'étions pas si seuls, finalement.

J'aimais beaucoup m'installer à côté de mon grand-père paternel. Il s'appelait Aissa, c'est le prénom arabe de « Jésus ». Oui, je sais, vous me direz que mon rapport au Christ est presque obsessionnel, mais on ne choisit pas sa famille, non ? Mon grand-père nous adorait, mes frères et moi. Et nous le faisions rire, parce que notre « arabe » était complètement foireux. C'est vrai ! Un truc auquel les gens ne pensent pas souvent, c'est que : ma langue maternelle c'est le français, c'est la langue avec laquelle je pense, avec laquelle je rêve et avec laquelle je parle, or mon père a toujours mis un point d'honneur à ce que, à la maison, on parle arabe. Il pouvait entrer dans une colère énorme si on parlait français devant lui. Donc, on a appris sur le tas l'arabe dialectal marocain, qui, soit dit en passant, n'a aucune grammaire, aucune conjugaison et ne s'écrivait pas. Alors, lorsque je parlais arabe, c'était un exercice intellectuel énorme. Je devais penser la phrase en français, la traduire avec le peu de mots de vocabulaire que je connaissais et la dire, tout ça en un laps de temps record et avec plein d'erreurs de diction (rappelez-vous le « qa » qu'on arrivait à peine à dire malgré les coups de câble).

Et ça faisait bien rire mon grand-père ! Il nous trouvait adorables, et surtout il nous découvrait chaque année. C'était un grand sage, mon grand-père, et derrière son côté « chef de tribu un peu rude », il avait quand même onze enfants, c'était un grand sentimental. Il avait une relation spéciale avec mon père qui était son plus grand, et du coup, par extension, il nous adorait. Quand il apprenait que mon père avait pris la route pour aller au Maroc, il s'installait près de la fenêtre qui offrait une vue sur le parking de la station-service d'en face, où mon père garait sa voiture ; il prenait son Coran et le lisait avec un regard sur la route pour ne pas rater l'arrivée de mon père. Il pouvait rester là plusieurs jours et ne quittait son poste que pour aller à la mosquée aux heures de prière ou pour aller dormir, la nuit.

Il me prenait chaque fois près de lui, quand mon père s'éclipsait en douce pour sortir avec ses amis le soir, fatigué qu'il était de nous avoir surveillés à la plage toute la journée, et me lisait des passages du Coran. Il les lisait en arabe, puis me les traduisait en arabe dialectal.

La différence entre l'arabe et l'arabe dialectal ? Ben, c'est simple, la première langue est une vraie langue, écrite, avec ses règles, l'autre est une espèce de méli-mélo dans lequel se mélangent français, espagnol, anglais et autres langues pour former une sorte de langue « bâtarde ». Mon père se plaisait toujours à nous raconter l'époque où Tanger vivait sous protectorat international, et je suppose que c'est de là que vient cette langue qui n'est d'ailleurs comprise qu'à Tanger.

Mon grand-père me lisait donc le Coran. Je m'asseyais à côté de lui, il me lisait lentement des versets puis s'arrêtait, me regardait et m'expliquait l'histoire qu'il venait de lire. J'adorais l'écouter, il avait l'air si sage, si posé alors que le temps avait marqué son visage. Il était tellement fier de moi qu'il m'emmenait avec lui à la mosquée. Je savais à peine prier, mais ce n'était pas grave, je m'asseyais près de lui, je faisais tout comme lui, et après il me présentait à ses amis, à la mosquée.

— C'est mon petit-fils, Ismaël. C'est le fils de mon aîné, Mohamed.

— Que Dieu le préserve, c'est bien de le ramener à la mosquée.

Lorsque les vacances arrivaient à leur terme, c'était le déchirement. Ma mère pleurait, car elle devait quitter ses parents. Ça lui rappelait ce fameux jour où elle avait dû les quitter pour commencer sa vie dans son nouveau pays. Chaque année, elle revivait son émigration. Mon grand-père ne voulait pas nous accompagner au port, je crois qu'il ne voulait pas qu'on le voie pleurer. Il restait assis près de la fenêtre, regardait la voiture de mon père quitter le parking, il pleurait, son Coran entre les mains. Son cœur se brisait encore une fois à cause du départ de son fils et de cette nouvelle famille, née ailleurs, qu'il connaissait à peine.

« *Dieu a fait pousser votre graine dans un pays lointain, un pays de non-musulmans. Il a Ses raisons mais essayez de ne pas oublier d'où vous venez, essayez de vous rappeler que votre famille est aussi ici.* »

C'est la dernière phrase qu'il me disait à chaque fois avant d'aller se cacher pour ne pas voir la tristesse de mon père.

La pudeur est un sentiment fort, et même un élément constituant de notre identité « musulmane ». On pleurait, mais il ne fallait pas que ça se voie…

La route du retour était toujours morne, beaucoup plus triste, elle semblait beaucoup plus longue. Les heures de traversée de la mer semblaient interminables, mon père restait sur le pont pour voir Tanger s'éloigner. J'ai compris pourquoi il nous faisait écouter en boucle ses disques d'Enrico Macias. Les seuls objets qu'il avait ramenés avec lui du Maroc.

« J'ai quitté mon pays, j'ai quitté ma maison, ma ville, ma triste ville s'éloigne sans raison… J'ai quitté mon soleil, j'ai quitté ma mer bleue, leur souvenir se réveille, bien après mon adieu… Soleil, soleil de mon pays perdu… »

À propos de soleil, celui-ci disparaissait comme peau de chagrin au fur et à mesure qu'on remontait vers le nord. Dès qu'on passait Paris, c'était la « drache » qui nous accueillait pour passer la frontière française.

Malgré toute cette tristesse, j'étais heureux de retrouver mes repères, ma ville à moi ! J'allais retrouver mes copains, pouvoir parler français sans avoir honte de ne pas être compris, retrouver ma chambre, mes bouquins et surtout… des toilettes normales !

Le ramadan des irréductibles Bruxellois

Une fois l'école primaire terminée, mon père m'a inscrit dans une école secondaire qui se trouvait un peu plus dans le bas de la commune. Premier choc des cultures : dans mon école primaire, nous étions une minorité de musulmans, deux ou trois par classe grand maximum, mais dans cette école secondaire les musulmans étaient majoritaires.

Une petite parenthèse pour vous reparler une dernière fois de Madame : cela faisait déjà quelques années que sa fille unique, une vieille mégère qui ne pensait qu'à l'héritage, l'avait placée dans une maison de repos à... Ostende.

Plus d'une heure de route nous séparait de Madame et j'étais triste de ne plus l'avoir près de moi. J'avais tellement besoin d'elle, là, ce passage de l'enfance vers l'adolescence était tellement difficile pour moi.

Mon père nous emmenait une semaine sur deux à Ostende. On prenait la route et on arrivait une heure et demie plus tard dans une maison de repos au bord de la mer, près du Casino.

Il n'y a avait pas de GSM à l'époque, pas d'Internet, donc mon père prévenait l'hôpital en début de semaine de notre arrivée et Madame passait la semaine près de la fenêtre à nous attendre, tous les jours, les larmes aux yeux.

Les infirmières nous racontaient qu'elle s'enfermait dans un mutisme qui ne disparaissait qu'à notre arrivée. Dès que j'ouvrais la porte de sa chambre, elle criait « Maël ». Elle n'a jamais su dire mon prénom et elle m'a toujours appelé « Maël », et je le lui ai toujours pardonné. Elle me serrait très fort dans ses bras puis serrait mes frères et sœurs. Ma mère pleurait en regardant l'état de la chambre et sortait, car elle ne supportait pas la solitude qu'on y ressentait.

Ma mère venait d'un pays où les vieux restent à la maison jusqu'à la mort, où être vieux n'est pas être un « poids » pour les autres ; au contraire, on aspire à devenir vieux, devenir sage et devenir la mémoire de la famille.

Ma mère n'a jamais compris…

La chambre de Madame ressemblait à un mausolée, il y avait des photos de nous, de moi partout dans sa chambre. Elle n'avait pas de petits enfants et ne parlait pas avec sa fille. Nous étions son unique famille et je l'aimais tellement…

Elle me demandait de lui raconter ma semaine, l'école, mes histoires, mon père essayait de rester digne devant elle, de ne pas pleurer, parce qu'un homme, ça ne pleure pas alors que pendant le trajet de retour il hurlait, il hurlait que s'il savait comment faire, il demanderait à un juge que Madame vienne vivre avec nous. Il l'a proposé à sa fille mais elle n'aimait pas les « Arabes », alors elle lui a dit « non ». Elle a cru qu'on en voulait à l'héritage de sa mère, qui ne se composait que d'une vieille horloge murale et d'un livret d'épargne complètement vide.

Ce jour-là, Madame m'a serré dans ses bras plus longtemps que d'habitude. Je sentais ses lèvres fripées s'écraser contre ma joue, elle sentait qu'on ne se reverrait plus.

Deux semaines plus tard, nous sommes revenus, mais elle était dans le coma. Je suis entré dans la chambre d'hôpital avec mon père : elle était là, recroquevillée, j'avais l'impression que son corps avait rétréci. Ses yeux étaient fermés. Mon père n'a pas pu résister et est sorti de la chambre, silencieux. Je me suis approché d'elle, je lui ai dit au revoir, je l'ai embrassée et je suis sorti. Je n'ai pas osé pleurer. J'ai pleuré des années plus tard, sans savoir d'où venaient toutes ces larmes, en racontant l'histoire de Madame à mes enfants, un soir…

Elle est morte une semaine plus tard, quelques jours avant de fêter ses cent ans. Elle en rêvait de ses cent ans : à l'époque, les centenaires avaient droit à une visite du roi, et elle espérait tellement le rencontrer.

Madame a été la première fissure dans mes certitudes de musulman : où irait-elle après la mort ? Elle n'était pas musulmane, est-ce qu'elle irait en enfer ou au paradis ?

J'ai posé la question à mon père, mais il a esquivé la réponse. Aujourd'hui, je sais qu'elle était un ange envoyé sur Terre pour protéger le petit enfant que j'étais.

Les valeurs qu'elle m'a inculquées coulent dans mes veines et j'essaie chaque jour de me souvenir des conseils qu'elle me donnait.

Jamais je ne l'oublierai... Jamais.

Revenons à l'école. Cette nouvelle école secondaire me faisait découvrir un nouveau monde qui naissait après la mort du monde créé autour de Madame.

Je me retrouvais au milieu de gens qui me comprenaient. Qui vivaient les mêmes choses. Alors, soyons clair, j'aimais énormément mes amis de l'école primaire et j'en gardais un souvenir magique, mais il y avait toujours cette impression d'être différent qui me rongeait de l'intérieur.

Il y a toujours eu des petites choses que je ne pouvais pas dire à mon copain David, à mon copain Dédé, à ma copine Cindy. Mais là, au milieu d'Oussama, Fatima, Hanane, Mohamed, Moustapha, j'avais l'impression qu'ils parlaient le même code. On avait les mêmes souvenirs, on n'avait plus honte de raconter ce qui se passait à la maison.

Cette schizophrénie que je vivais en primaire, avec le monde extérieur face au monde de « la maison », pouvait complètement être soignée grâce à ce nouvel environnement.

Les premiers jours, j'étais enivré par cette impression de plénitude totale, j'étais en pleine communion avec mes « frères et sœurs », sans me rendre compte à quel point je m'enfonçais dans un « ghetto » dont il serait très difficile de sortir.

En classe, nous étions une vingtaine d'élèves, dont dix-huit d'origine marocaine, et musulmans, le reste se partageant entre Grecs, Turcs et Albanais. Le contraste était tellement fort avec mon ancienne école !

Je vivais au rythme « communautaire » : en classe, quand on ne voulait pas que le professeur comprenne ce qu'on disait, on parlait arabe entre nous, ça le rendait fou furieux d'ailleurs, mais nous, ça nous amusait.

Ou encore lors des fêtes religieuses musulmanes, nous n'avions même pas besoin d'inventer une excuse bidon pour accompagner nos parents à la mosquée. On ne venait pas, tout simplement, et l'école était déserte. Je tiens à signaler que ça arrangeait beaucoup de professeurs qui gagnaient un jour de « quasi-congé », et comme nous connaissions les dates des fêtes religieuses bien à l'avance (sauf pour l'éternel conflit de début de ramadan, mais j'y reviendrai plus tard), ils pouvaient s'organiser pour soit ne pas venir, soit en profiter pour faire leurs corrections au calme.

Pendant le ramadan, c'était facile, la quasi-totalité de l'école jeûnait, donc pendant l'heure du déjeuner, on s'occupait ensemble dans la cour de récré. Tout le monde jeûnait, mais tout le monde n'avait pas commencé le ramadan en même temps. Spécificité islamique : le conflit du début du ramadan.

Ça a toujours été très compliqué à comprendre pour les non-musulmans, et assez humiliant à expliquer quand on est musulman, mais, en deux mots : les mois arabes suivent le cycle lunaire, contrairement aux mois dits « grégoriens » qui suivent le cycle solaire. Cela fait, d'une part que les mois arabes ne tombent jamais au même endroit dans le calendrier grégorien, et que le mois de ramadan peut tomber en été ou en hiver (on a tous une grande préférence pour l'hiver, d'ailleurs), et, d'autre part, que pour délimiter le premier jour du mois, il faut se baser sur la nouvelle lune. Pas la pleine lune, ça c'est les loups-garous, ils sont poilus du menton aussi, mais je ne crois pas qu'ils jeûnent, non. La nouvelle lune, c'est le premier tout petit, riquiqui, morceau de croissant de lune.

Alors dans le désert, au VIIe siècle, ça devait être hyper facile de le voir ce petit morceau de croissant, mais au XXe siècle, en pleine ville où on ne voit plus la moindre étoile, c'est une autre paire de manches.

Du coup, comme Internet n'existait pas, les paraboles non plus, l'exécutif de l'incompétence musulmane de Belgique non plus, on s'en remettait au Centre islamique de Belgique qui se trouvait (et se trouve toujours) au parc du Cinquantenaire, en plein milieu du quartier européen.

Ah, une petite parenthèse : ça m'a toujours fait rigoler cette histoire de centre islamique. En fait, ce terrain qui se trouvait au milieu de nulle part, dans un quartier qui était tout sauf chic, avait été offert par le roi Baudouin à l'Arabie saoudite pour créer une mosquée pour les musulmans de Belgique. Du coup, ils ont construit un gros bazar très moche avec une coupole et un minaret. Mais la blague belge, c'est que personne ne s'attendait à ce que ce quartier devienne le cœur de l'Europe, le quartier du Parlement européen et des expats qui viennent travailler en Belgique.

Du coup, ben le matin, on a droit à des images surréalistes de femmes en burqa et de barbus qui viennent pour la prière de l'aube marcher à côté d'expats parlementaires qui font leur jogging en shorty. Merci Baudouin, t'avais de l'humour, toi au moins !

Mais là, je m'éloigne, donc le Centre islamique de Belgique décide d'un commun accord avec sa maison mère à Ryad du jour du début du ramadan. S'ils voient la lune à Ryad, c'est le ramadan, sinon, c'est le lendemain.

Tous avaient courbé l'échine devant Ryad ? Non ! Un groupe d'irréductibles Bruxellois résistait encore et toujours à l'envahisseur et refusait de jeûner en fonction d'un croissant qu'on aurait vu en Arabie saoudite. En plus, le croissant, c'est bien connu, c'est pas arabe, c'est autrichien !

Bref, certains Marocains décidaient de jeûner en même temps que le Maroc qui lui, pour emmerder son monde, jeûnait toujours un jour après l'Arabie saoudite. Ben ouais, qu'ils disaient les Marocains de Belgique, on est marocains et pas saoudiens !

Les Turcs, eux, ils recevaient des ordres en direct d'Ankara : « Notre calendrier est établi sur deux cents ans, donc faites pas chier et suivez le calendrier turc ». Une année sur deux, ça tombait en même temps que les Saoudiens, sinon, en même temps que le Maroc.

Et, pour compliquer la donne, on retrouvait dans la même famille un père qui commençait en même temps que le Maroc, un fils, plus rigoriste, qui voulait suivre ses maîtres spirituels et qui commençait avec la Mecque, et le reste de la famille qui ne savait pas quoi faire.

Du coup, le fils jeûnait et le père venait manger devant lui pour bien lui montrer que ce n'était pas encore le ramadan.

Surréalisme belge avec un soupçon de safran !

Heureusement, ça ne durait qu'un jour, puis on était tranquille jusqu'au vingt-septième jour, et puis les deux derniers jours ça reprenait.

Ben oui, faut voir la nouvelle lune du prochain mois pour que le ramadan s'arrête ! Vous avez compris ? Non ? Pas grave, on ne vous demande pas de comprendre mais de suivre…

Et nous dans tout ça ? Ben nous, les jeunes, on avait un côté très pragmatique : on espérait au fond de nous que la lune ne soit pas vue trop rapidement au début du ramadan, pour gagner encore un jour d'abondance, et on pleurait toute la nuit du dernier jour pour qu'elle apparaisse et qu'on puisse enfin passer du statut de « vampire qui ne sort qu'une fois la nuit tombée » à « être humain normal ».

Pendant le ramadan, notre mode de vie changeait complètement : on arrivait mort crevé à l'école, car on avait passé la nuit à manger, discuter, recevoir la famille, etc., on s'endormait sur nos bancs et on ne commençait à revivre que quelques heures avant le coucher du soleil.

Les filles, c'était pire. Elles devaient venir à l'école comme nous, étudier comme nous, rentrer à la maison comme nous, mais là elles devaient en plus vaquer à toutes les tâches ménagères, servir la table, manger rapidement, faire les va-et-vient vers la cuisine pour débarrasser et resservir, surtout qu'on recevait beaucoup de monde pendant le ramadan, nettoyer et puis, peut-être, au fin fond de la nuit, commencer à étudier si un prof avait eu la magnifique idée de nous programmer un test le lendemain.

Et ce n'était pas fini, une grosse demi-heure avant l'aube, elles devaient se réveiller, aider leur mère à préparer le dernier repas de la nuit, manger, desservir, nettoyer puis enfin dormir… une ou deux heures avant d'aller à l'école.

Je garde un profond respect et un amour sans bornes pour toutes ces filles qui ont dû vivre plusieurs vies à la fois et se battre pour réussir, très souvent, plus que d'autres. Elles sont le ciment qui a permis de créer cette génération d'Européens musulmans que nous sommes, et nous ne leur rendons pas assez hommage.

Ma mère n'a eu ma petite sœur que très tard, donc l'égalité hommes/femmes a été mise en application très vite. Tout le monde mettait la main à la pâte, même mon père cuisinait lorsqu'il revenait du travail en fin de journée. Et pendant que mon père et ma mère s'activaient en cuisine, nous, on allait faire les courses « ramadaniennes ».

Ah, les joies des courses dans les quartiers musulmans de Bruxelles pendant le ramadan. Chez le boucher, une file de trois heures, et c'est moi qui devais me la coltiner, car j'étais le deuxième, que le plus grand faisait des courses ailleurs et que les plus petits étaient trop petits pour les courses. C'était plein de monde et tout le monde voulait être servi le premier. Comme j'étais assez petit de taille, les clients ne me voyaient même pas et me poussaient dans tous les sens. J'étais assez timide, donc je n'osais pas réagir et du coup, j'étais servi en dernier, quelques minutes avant le coucher du soleil. Je devais courir à en perdre haleine pour arriver rapidement à la maison, car ma mère avait besoin des victuailles pour pouvoir terminer le repas à temps.

Et je me faisais sérieusement engueuler une fois arrivé à la maison, car j'étais le dernier qu'on attendait (et que j'avais sûrement encore perdu mon temps à parler tout seul sur la route). Depuis, la boucherie s'est modernisée et on reçoit un ticket à l'entrée pour faire la file. Mais il y a encore plus de monde dès l'arrivée du ramadan.

D'ailleurs, à propos de cette boucherie, Bruxelles ne pullulait pas encore de boucheries halal à l'époque, et c'était une des seules, mais surtout la plus connue, car le propriétaire avait eu l'intelligence de vendre les premières charcuteries halal : à nous les jambons de dinde, salami, saucisses, pains de veau et autres « delicatessen » auxquels nous n'avions pas droit.

Du coup, des clients venaient de Paris et d'Amsterdam pour s'approvisionner chez lui, ce qui n'arrangeait en rien les files « ramadanesques ».

À l'époque, on n'avait qu'un seul moyen pour savoir s'il était réellement l'heure de manger ou pas, vu que l'Arabie saoudite n'avait pas encore le contrôle du soleil, uniquement de la lune. Ce moyen, c'était l'unique radio maghrébine de Bruxelles : Radio El Manar.

Son audimat ne dépassait pas la taille d'une feuille morte pendant l'année, mais pendant le ramadan, tous les musulmans de Bruxelles étaient à l'écoute de la radio quelques minutes avant le repas. L'animateur passait un appel à la prière pré-enregistré, et on pouvait se ruer sur les plats déposés sur la table.

Certains puristes obligeaient leurs enfants à attendre la fin de l'appel à la prière, par respect pour l'imam qui devait redescendre du minaret. Or l'appel dure quand même cinq minutes et cinq minutes, c'est long quand on a faim. On a eu toutes les peines du monde à leur expliquer que l'appel était pré-enregistré, que l'animateur mangeait depuis bien longtemps et que personne ne montait plus dans les minarets.

Aujourd'hui, l'iPhone se charge de faire l'appel à la prière et personne ne pense à attendre que l'imam sorte du smartphone : autre temps, autre époque…

Après le repas, qui était toujours beaucoup trop copieux, il fallait aller à la mosquée. En fait, pendant le ramadan, une tradition a été mise en place bien après la mort du Prophète, celle du Tarawih. En gros, les musulmans prient cinq fois par jour à un horaire déterminé en fonction de la course du soleil : oui, je sais ce que vous allez me dire, cher lecteur, une fois le soleil, une fois la lune, y'a de quoi devenir fou, mais hey ! j'ai jamais dit que c'était facile d'être musulman.

Donc, on prie cinq fois par jour : la prière de l'aube (Fajr), la prière du zénith (Dhor, et non, ce n'est pas une salle de concert, mais une position du soleil), la prière de l'après-midi (Asr), la prière du crépuscule (Magrib), et enfin la prière de la nuit (Ichaa).

Si vous avez bien tout suivi, vous aurez compris que pendant le ramadan la prière qui nous intéressait le plus c'était la prière du crépuscule, qui nous servait aussi de « GO » pour manger.

Donc, pendant le ramadan, cette tradition du Tarawih, qui n'est pas du tout obligatoire, mais qui est scrupuleusement respectée par beaucoup de musulmans, consiste à aller à la mosquée après la dernière prière (Ichaa) et prier une douzaine de Rak'aa.

Une Rak'aa est en fait une « inclinaison ». Vous avez sûrement déjà vu prier un musulman ? Comment ça, où ? Ben à la télé !

Quoi ? Vous n'avez jamais vu un épisode de *24 heures chrono* où on voit des terroristes prier ? Ben si, voilà ! Eh bien, quand le musulman, pendant la prière, se plie en posant ses mains sur ses genoux, ça s'appelle une Rak'aa, c'est notre unité de mesure pour la prière.

Ainsi, la prière du matin en compte deux, celle du zénith, quatre ; idem pour celle de l'après-midi ; celle du crépuscule, trois, et enfin quatre pour la dernière. Et donc, pendant le ramadan, tous les soirs, on en rajoute huit après la dernière prière. En fait, le but est d'utiliser l'intégralité du Coran pour prier ces prières-là.

Ah oui, j'avais oublié : on lit le Coran pendant la prière, chacun lit une partie qu'il a apprise par cœur, des petits chapitres ou des plus grands, ça dépend du savoir de chacun.

Du coup, comme il faut utiliser la totalité du Coran pendant le ramadan et que très peu d'imams en Belgique connaissent tout le Coran par cœur, les mosquées invitent des « réciteurs » qui viennent des pays arabes.

Chaque mosquée, qui essaie d'engranger un maximum de fidèles pendant le ramadan, essaie de ramener une star des « réciteurs », qui vient en général d'Égypte ou, le « top of the top », d'Arabie saoudite.

Et dans le milieu fermé des « réciteurs » de Coran, il y a des stars qui n'ont rien à envier aux stars hollywoodiennes, et des mosquées peuvent tripler leur nombre de fidèles si on apprend que telle star a fait le déplacement pour venir passer le ramadan avec nous.

Pourquoi engranger autant de monde dans les mosquées ? Eh bien, c'est comme avec les églises, c'est bon pour l'aumône. Ah oui, l'aumône. Chez nous, elle est considérée comme un pilier de l'islam. Hey, c'est vrai, je n'ai pas parlé des piliers : bon, avant de parler de l'aumône, je vais revenir un peu en arrière pour parler des piliers.

Il faut considérer l'islam comme une maison qui est soutenue par des piliers. On en compte quatre, et un cinquième qui est facultatif ; dans l'ordre, et l'ordre est très important : la foi, la prière, le jeûne du mois de ramadan, l'aumône, et le cinquième, qui n'est pas obligatoire, effectuer un pèlerinage à la Mecque si on en a les moyens.

Donc l'aumône se décline de trois manières : l'aumône légale sur les richesses qu'on possède (une espèce d'impôt sur la fortune), l'aumône de fin de ramadan (Fitr), et enfin l'aumône quasi journalière qu'il faut donner pour compenser un péché, ou par charité.

Et ces trois aumônes peuvent revenir à la mosquée pour payer les frais de fonctionnement, l'imam, le « réciteur » du ramadan, etc.

Donc voilà l'intérêt d'engranger les fidèles…

Moi, quand j'étais beaucoup plus jeune, j'accompagnais mon père à la mosquée, puis j'ai commencé à y aller tout seul en choisissant la mosquée qui me correspondait le plus en fonction de l'imam, des prêches qu'il donnait, du « réciteur » qu'ils invitaient pendant le ramadan, etc.

En été, ça dure des plombes, et on rentrait très tard à la maison. Et quand le ramadan tombait en juin, c'était assez compliqué pour les examens le lendemain. En plus, pour nos parents, ces prières étaient très importantes, mais nous étions la première génération à être née dans un pays non musulman et à y vivre. Dans les pays musulmans, les horaires sont adaptés en fonction du ramadan et il ne leur viendrait pas à l'esprit de donner des examens pendant le ramadan. Dans certains pays, le monde s'arrête pendant le ramadan, les magasins changent d'horaires pour ouvrir la nuit (c'est pas pour rien que j'ai parlé de vampires), les écoles changent les horaires, la majorité des restaurants prennent leurs congés annuels, mais en Belgique, rien ne changeait, donc on devait de nouveau vivre en complète schizophrénie...

Mais franchement, je dois avouer qu'on avait pris le pli et qu'on y arrivait sans trop de dégâts. Aujourd'hui encore, quand je jeûne en été, je me rends compte que le fait d'être musulman dans un pays qui ne l'est pas est une richesse bien plus qu'une tare. La personne qui jeûne dans un pays où il ne sera pas puni s'il ne le fait pas est celle qui le fait vraiment par conviction intime, et non par peur du gendarme ou du qu'en-dira-t-on.

Finalement, comme pour tout, le ramadan arrivait à sa fin et on pouvait enfin reprendre une vie normale. Mais pas avant d'avoir prié à la mosquée la prière de l'Aïd al-Fitr (fête de rupture du jeûne).

C'est un jour spécial et génial pour les musulmans. C'est quasiment notre Noël à nous. En gros, quand le Big Brother de Ryad a décidé que la lune était apparue, on se prépare pour le lendemain. Nos parents nous avaient déjà acheté des vêtements neufs, ma mère retournait aux fourneaux pour préparer la nourriture du jour de fête.

Oui, je sais ce que vous pensez, mon cher lecteur, ils ne font que bouffer ces musulmans... ben... c'est un peu vrai... Mais on le fait avec classe !

Le matin de la fête, on se levait très tôt et on allait à la mosquée prier la prière de... de... alors... on suit ou pas ? Si vous avez suivi, cher ami, vous devriez pouvoir répondre sans problème à cette question.

Sinon, ce livre s'autodétruira dans un autodafé radical dans 5,4,3,2,1...

C'est bon, pas de panique, ce livre est modéré, donc pas de violence. On allait prier la prière du matin à la mosquée. La tradition veut qu'on mange quelque chose de très léger (parfois juste un café ou une datte) avant d'aller à la mosquée pour bien faire comprendre à son corps qu'on ne jeûne pas. À la mosquée, tout le monde est habillé sur son 31 ou plutôt, devrais-je dire, son 29 ou 30 en fonction de la lune de Ryad… C'est bon, j'arrête avec ça.

Donc tout le monde était de blanc vêtu. Le blanc était la couleur préférée du Prophète, selon la tradition, et toute la mosquée était parée de gandouras, de kamiss, de djabadors, de djellabas blanches toutes aussi belles les unes que les autres.

La prière ne durait pas très longtemps, puis on rentrait à la maison. On rencontrait plein de monde dans la rue, toujours en blanc, et on se souhaitait bonne fête.

Arrivés à la maison, tout était prêt pour une journée d'orgie gustative. Nous, les jeunes, on recevait nos étrennes, comme à Noël, et on partait les gaspiller en cinéma et « malbouffe » pendant que nos parents recevaient la famille.

Comme mon père était le plus âgé de sa fratrie, c'était chez lui, par tradition, que tout le monde se réunissait et notre maison devenait, le temps d'une journée, un véritable musée. La porte restait ouverte toute la journée et ça rentrait et ça sortait non-stop.

Alors il est de bon ton dans les familles musulmanes de se la jouer : « Oh, ce mois sacré est déjà fini, on aurait pu continuer encore des mois, quelle tristesse », et l'imam à la mosquée se mettait à pleurer en pensant à toutes les bénédictions qui étaient parties avec le ramadan. Et j'avoue que parfois, ça nous arrivait de nous sentir orphelins après le ramadan. Surtout le soir, au coucher du soleil, comme si quelque chose nous manquait, c'est très spécial comme sentiment.

Mais à côté de ça, franchement, on sautait de joie ! On pouvait enfin reprendre une vie normale, arrêter avec cette schizophrénie de dingue, ne plus avoir une haleine de chacal le matin, recommencer à faire la bise aux filles… Oui, je ne l'ai pas dit, mais je ne sais pour quelle raison, pendant le ramadan, on ne faisait plus la bise aux filles. Je ne sais pas, ça devait donner un air plus « mystique » peut-être, ou plus religieux. Les copines musulmanes comprenaient, mais les autres étaient complètement paumées au début.

Je sais, cher ami, vous vous dites, il radote le gars, il nous a dit qu'il était dans une école où il n'y avait que des musulmans quasi, et là il nous parle de filles non musulmanes ! Minute papillon, j'y arrive.

Écoles ghettos

Après trois années passées dans mon école à « discrimination positive » : oui, c'est le mot pourri inventé par les politiques pour justifier le fait qu'il y avait des écoles « ghettos » à Bruxelles. Plutôt que de s'arranger pour créer une vraie mixité, les politiques ont décidé de mettre en place une liste d'écoles à « discrimination positive » et de leur donner un peu plus d'argent pour qu'elles puissent sortir de cette liste.

Alors ça, c'est le top, vous pensez bien qu'aucune école n'avait envie de sortir de cette liste vu que ça impliquait moins d'argent. Je vous laisse donc imaginer toutes les magnifiques rénovations que ces écoles ont faites pour sortir de la liste des écoles « à discrimination positive ». J'ai retrouvé, il y a quelques mois, un banc en bois sur lequel j'avais gravé mon nom à l'époque, et ce banc est toujours au même endroit, dans la même école. Je suppose qu'elle n'est pas encore sortie de la liste…

Donc, après trois années passées dans cette école, j'ai commencé à filer un mauvais coton. Oh, pas grand-chose, juste beaucoup de chahut en classe, d'arrogance face aux professeurs et de rébellion adolescente. Ça aurait pu être pire : j'aurais pu vendre de la drogue, comme certains de mes camarades de classe, voler des autoradios ou, encore pire, devenir moi-même consommateur de drogue. Mais ce genre de conneries, je ne sais pas pour quelle raison, ça ne m'a jamais intéressé, donc ma crise d'adolescence, c'est en classe que je la vivais. D'autant que j'étais un élève brillant et que je pouvais me permettre de ne rien écouter en classe tout en ayant une moyenne de 18 sur 20.

C'est là que ça a foiré ! En fait, dans cette école, on pouvait se faire renvoyer si on n'avait pas la moyenne en « comportement » à la fin de l'année, et on s'arrangeait tous pour calculer nos moyennes pendant l'année afin d'avoir le douze sur vingt requis en fin d'année. Cette année-là, j'ai mal calculé mon coup et mon arrogance m'a joué des tours, au point que je me suis retrouvé avec un huit sur vingt de moyenne en comportement tout en ayant quatre-vingt-dix pour cent de moyenne dans toutes les autres branches.

La directrice a décidé qu'elle devait faire de moi un exemple et j'ai été renvoyé en étant... premier de classe ! Ça a mis mon père dans une colère folle. Il a toujours eu peur qu'on devienne des « voyous » et nous a toujours surveillés, mis en garde, acheté tout ce dont on avait besoin.

Par exemple, quand j'avais dix ans, mon père a découvert ma passion pour le cinéma, passion que j'ai héritée de lui d'ailleurs, lui qui était un féru de cinéma égyptien. Il a alors commencé à m'emmener tous les mercredis, dans son taxi, à quatorze heures tapantes, dans un cinéma qui se trouvait à la Bourse, au centre de la ville. Ce cinéma s'appelait l'Ambassador et ne passait que des films de Disney. Mon père garait sa voiture, descendait rapidement avec moi, achetait mon ticket, donnait vingt francs à l'ouvreuse (ce qui était pas mal à l'époque), et celle-ci m'accompagnait dans la salle. Une fois le film fini, elle sortait avec moi dehors et attendait avec moi que mon père revienne avec son taxi me récupérer.

Quand il a découvert mon goût prononcé pour la lecture, il me déposait de nouveau en centre ville, devant un magasin qui existe encore aujourd'hui et qui s'appelle Pêle-Mêle, où l'on vend des livres d'occasion. Il me donnait vingt francs et je passais des heures à chercher des livres avant de ressortir et de repartir avec lui.

Et la plus belle surprise qu'il m'ait faite : en primaire, il m'avait promis que si j'étais premier de classe pendant toutes les primaires, les six ans donc, il réaliserait mon rêve en m'emmenant à Disneyworld, en Floride. En sixième primaire, lorsque j'ai tenu mon engagement, en rentrant chez moi, il m'a demandé d'aller chercher du pain qu'il avait oublié dans son taxi. En ouvrant la portière, j'ai trouvé les billets d'avion déposés sur la banquette...

Je dois avouer que je dois beaucoup à mon père, mais que je n'ai jamais pu le lui dire.

Comme dirait Idir, « il y a des choses chez nous qu'on ne dit pas ». On ne parle pas d'amour chez nous, c'est tabou. On ne dit pas à son père qu'on l'aime, c'est gênant. On en riait souvent avec mes camarades à l'école, sur le fait qu'on n'avait jamais vu nos parents s'embrasser, se dire qu'ils s'aimaient.

Quand mon père rentrait du travail, il appelait ma mère « femme » et elle lui répondait « homme ». Ça nous faisait rire, ce manque de « visibilité affective » à l'intérieur alors que dehors, tout le monde affichait ses sentiments, en se prenant par la main, en s'embrassant dans le bus, en se criant « je t'aime » sur un quai de gare.

Chez nous, le romantisme existe, on est quand même des créatures des Mille et Une nuits, mais c'est un romantisme muet, secret, tabou en fait.

Je sais que mon père aimait profondément ma mère et vice versa. Ma grand-mère, pendant les vacances, me racontait leur rencontre, comment mon père avait menacé de se suicider si ma grand-mère n'allait pas demander la main de ma mère.

Mais encore une fois, les sujets en rapport avec l'amour sont tabous. D'ailleurs, quand on regardait un film en famille, dès qu'on sentait que les protagonistes s'approchaient pour s'embrasser, on se ruait sur la télécommande pour changer de chaîne. Si on ne le faisait pas, c'était la punition assurée tout en étant traité de « voyou impudique ».

D'ailleurs, c'est marrant, en vous parlant de ce fameux voyage à Disneyworld, j'ai des images plein la tête et… ben tiens… si je vous le racontais, ce voyage ? C'est pas une question, entendons-nous bien, c'est un exercice de style. Je vais vous le raconter ce voyage, puisque c'est mon histoire !

Un jour, tu iras en Amérique

J'en dormais plus. Ça faisait tellement longtemps que j'attendais ce moment que je n'y croyais plus. C'était devenu un mythe familial. Même mes frères me disaient : « *Mais oui, mais oui, un jour tu iras à Disneyworld.* » Sauf que là, les billets que je tenais en main étaient des vrais billets et mon nom était imprimé dessus. Je n'avais jamais vu des billets de la sorte. J'essayais de comprendre. « Bruxelles-New York » puis « New York-Orlando ». Orlando ? Ce nom, je le connaissais depuis six ans. Il faut savoir que depuis mon entrée en primaire, j'étais un fan inconditionnel de Walt Disney et de son histoire. Je savais tout de lui, sa date de naissance, sa vie, les dates de création de ses œuvres magistrales, et surtout ces fameux parcs qu'il avait créés.

Pour bien comprendre mon engouement, Disneyland Paris n'existait pas à l'époque, nous étions en 1988 et le parc parisien ne verrait le jour que quatre ans plus tard.

Je ramenais donc les billets à mon père avec le pain qu'il avait laissé exprès sur le siège passager. Mon père affichait son rictus de satisfaction classique, celui qui voulait dire : « Alors, tu ne m'en croyais pas capable, hein ? » À mon avis, il a dû afficher le même rictus à mon grand-père lors de son premier retour au Maroc au volant de sa nouvelle voiture.

Ma mère était au courant de tout, bien entendu, et les bagages étaient déjà prêts. Nous partions à trois : mon père, mon grand frère et moi. Le voyage était tellement cher que nous ne pouvions pas partir en famille. Ma mère restait donc en Belgique pour s'occuper des deux autres qui restaient avec elle.

Le jour du départ, j'étais excité comme une puce. Je ne tenais plus en place, au point que mon père a dû me faire comprendre que si je ne me calmais pas, il n'y aurait plus de voyage. Nous avons pris l'avion très tôt, un gros avion, un Boeing, je n'avais jamais vu d'avion aussi gros, et surtout le voyage était long !

Pour aller à Tanger, ça nous prenait 2 h 45 en avion, mais là, c'était neuf heures jusqu'à New York. Mon père dormait pendant que je regardais les films qui passaient sur l'écran au milieu de l'allée centrale. J'en profitais aussi pour relire tous mes livres que j'avais ramenés avec moi et qui relataient l'histoire de Walter Elias Disney.

Arrivé à New York, l'aéroport était gigantesque et nous étions perdus. Surtout que personne ne parlait anglais ! Mon frère et moi étions trop petits et mon père connaissait peut-être une dizaine de mots en anglais en tout et pour tout. Quand j'y repense aujourd'hui, je me dis que ça a dû être un sacré challenge pour mon père d'avoir osé ce voyage vers l'inconnu.

Mon père tenait les billets en mains et cherchait des visages sympathiques pour leur demander la route. Deux hommes, en djellaba, sont passés près de nous. Mon père leur a parlé en arabe, mais ils ne comprenaient pas l'arabe. C'était des « African-Americans » de New York. Ils ont néanmoins aidé mon père, avec le peu de mots d'arabe qu'ils comprenaient et le peu de mots d'anglais que mon père maîtrisait, ils ont réussi à nous indiquer notre porte d'embarquement et nous avons pris le deuxième avion pour Orlando.

Orlando ! Quelle ville ! Déjà, quand on est sortis de l'avion, c'est une rame de métro automatique qui nous a emmenés jusqu'au terminal. On était bluffés par tant de technologie et, à l'arrivée, une statue de Mickey nous attendait, j'en croyais pas mes yeux d'enfant. Mon père avait loué une voiture et nous sommes allés tout droit vers l'hôtel pour essayer tant bien que mal de dormir.

C'est là que nous avons découvert le *jetlag*. Ben ouais, avec le Maroc, il n'y avait que deux heures de décalage horaire (une heure en hiver), donc pas assez pour être déboussolé ; mais là, c'était sept heures de décalage, donc la nuit… personne n'a réussi à dormir.

Et puis, même sans ce *jetlag*, je n'aurais pas pu dormir, je n'attendais que les premières lueurs du jour pour aller toucher mon rêve de près.

Le lendemain, après un petit-déjeuner hyper copieux, nous sommes enfin arrivés à Disneyworld : mes amis, vous auriez dû me voir. Je n'en revenais pas, j'allais presque faire un arrêt cardiaque « de joie ».

Le seul parc d'attractions que je connaissais à l'époque, c'était Walibi, qui malgré ses maigres attractions mal faites (rassurez-vous, ça a beaucoup changé depuis et mes enfants adorent) nous paraissait déjà très grand. Mais là, c'était le gigantisme à l'américaine. Magic Kingdom, Epcot, les feux d'artifice, les parades, les attractions en veux-tu en voilà. Je touchais le rêve du doigt.

Mon père voyait bien à quel point j'étais heureux et il nous suivait dans toutes les attractions. Sauf Space Mountain, il l'a fait une fois avec nous et on l'a entendu réciter des passages du Coran à voix basse tellement ça lui a retourné l'estomac. Oui, faut savoir que chez les musulmans, il est recommandé de lire le Coran et de faire la Chahada (l'attestation de l'unicité de Dieu) juste avant de mourir, quand notre dernière heure est arrivée. Vous aurez compris que mon père avait vraiment cru que sa dernière heure était là. Quand on a voulu refaire un tour, mon père nous a laissés y aller et nous a attendus sagement devant l'attraction.

À l'entrée du parc, il y a une statue de Walt Disney qui tient la main de Mickey. J'ai demandé à mon père de me prendre en photo devant et, lorsqu'il a pris l'appareil photo, j'ai retiré ma casquette par respect. Mon père n'a jamais compris pourquoi j'avais retiré ma casquette, cette notion de se découvrir par respect n'existait pas chez nous. Au contraire, on a plutôt tendance à se couvrir. C'était un bel exemple de « brassage identitaire culturel ».

Le dernier jour, nous avons visité Cap Canaveral et sommes montés dans une fusée. Ça, par contre, j'aimais beaucoup moins, et Mickey me manquait déjà, mais mon père, féru d'histoire et de technologie, qui avait vécu en direct comme des millions de gens l'alunissage américain, n'en revenait pas d'être dans une fusée. C'était son Disneyworld à lui !

Ah oui, une dernière anecdote sur ce voyage : nous avons été dans un Mac Donald's pour dîner le dernier soir. On voulait commander un sandwich au poulet et mon père n'arrêtait pas de répéter à la serveuse « kitchen sandwich ». Elle nous regardait avec des grands yeux en nous indiquant les cuisines. Après quelques minutes, elle a compris que ce que mon père voulait dire c'était « chicken burger », et elle a fini par nous servir en riant de la confusion entre un poulet et une cuisine.

Bref, c'était la fin de mon voyage magique au pays de Mickey.

Et c'est là où je revois des Blancs !

Mais revenons à nos moutons : donc, lorsque je me suis fait virer, mon père est entré dans une colère folle et a commencé à chercher une école loin du quartier. C'est sur la commune de Woluwé-Saint-Lambert que mon père avait jeté son dévolu. C'est une commune bien plus huppée que celle où on habitait, et, comme il était taxi, il connaissait tous les recoins de la capitale.

Me voilà donc inscrit à l'athénée royal[1] ! Encore un choc culturel, je suis repassé du statut de majoritaire à minoritaire. Je revoyais des... Blancs !

Je gardais une profonde affection pour mon ancienne école et j'ai vécu ce renvoi comme un déchirement. J'avais du mal à quitter le quartier et je voyais mes amis continuer leur vie, là-bas, sans moi. C'était très dur, un choc sentimental énorme. Je laissais là-bas mes amis Oussama, Mohamed, Fatima, Hanane...

Hanane... Je garde un souvenir très précis d'elle. Je me souviens, c'était la première fille que je connaissais qui avait décidé de porter le foulard à la puberté. Seulement, le voile était interdit dans notre école. Oui, faut comprendre le principe de discrimination positive. En fait, je vous explique, dans « discrimination positive », avant « positive », y'a « discrimination ». Et ça, c'est un vilain mot.

Oh, je sais ce que vous êtes en train de vous dire : « Il nous bassine les oreilles avec son voile, il va nous la jouer victime, nous sommes dans un pays laïc, merde ! »

Et je comprends votre point de vue, mais, le temps de quelques lignes, laissez-moi vous emmener avec moi dans le monde de Hanane.

1. Nom donné au lycée. En Belgique, collège et lycée sont réunis dans un même établissement scolaire.

Hanane était une fille très intelligente, brillante, une littéraire qui dévorait les livres encore plus vite que moi, au point que la professeure de français n'arrivait plus à suivre. Hanane avait décidé, en son âme et conscience, de porter le voile. Sa grande sœur ne le portait pas, d'ailleurs. Elle avait besoin du voile pour se rapprocher de Dieu. On peut ne pas être d'accord avec elle, et je ne considère pas le voile comme une obligation religieuse, pas du tout même. Mais voilà, Hanane devait venir à l'école avec son voile, le retirer sur le pas de la porte, entrer avec nous en classe, se sentir nue et humiliée parce qu'on l'avait forcée à retirer son voile, terminer sa journée de cours puis remettre son voile devant la porte.

Elle devait supporter les sarcasmes des professeurs, les regards insistants lorsqu'elle quittait le quartier, et surtout, elle devait baisser la tête en classe, car elle ne voulait pas que ses cheveux attirent l'attention.

J'avais mal pour elle. C'était une fille que j'aimais beaucoup et je savais, moi, que personne ne l'obligeait à le mettre, ce voile, comme personne n'avait obligé ma mère, ou ma tante, ou mes cousines.

Je savais aussi qu'il y avait énormément de filles du quartier qui étaient obligées de le mettre, sous peine de se faire frapper par leur père, leur frère.

D'autres le mettaient pour se trouver un mec, car avec un voile, « tu passes pour une "sainte nitouche" » et les mecs adorent ça. D'autres encore le mettaient pour pouvoir se promener dans le quartier sans se faire harceler ou traiter de prostituées, et, enfin, certaines le mettaient pour acheter leur liberté.

Avec leur voile, elles avaient la permission de minuit et leurs parents leur donnaient leur totale bénédiction pour sortir à n'importe quelle heure, car « elles avaient été touchées par la grâce », et, du coup, étaient incapables de commettre la moindre « turpitude ».

Si ces parents lisent un jour ce livre, ils tomberont des nues quand ils apprendront que beaucoup de mes copines tombaient le voile pour sortir en boîte. Elles retiraient leur voile à la frontière du quartier, dansaient toute la nuit et le remettaient en revenant à l'aube pour… effectuer la prière de l'aube avec leurs parents une fois rentrées à la maison.

D'autres avaient carrément toute une tenue dans leur sac et se changeaient dans les toilettes de l'école ou d'une boîte de nuit.

Bref, le voile permettait de « voiler la vérité » aux yeux des parents.

Mais toutes ces filles n'étaient pas Hanane, et Hanane souffrait parce qu'on la punissait. Hanane avait le cœur brisé, déchiré à chaque fois qu'elle devait retirer son voile. Combien de fois ai-je vu Hanane pleurer, en silence, loin des regards, essayant de comprendre ce qu'elle avait fait de mal, pourquoi elle ne pouvait pas tout simplement vivre pleinement sa foi.

Nous essayions de l'aider comme nous pouvions : en classe, nous baissions le regard pour ne pas regarder ses cheveux et ne pas la mettre mal à l'aise.

C'était notre amie, nous l'aimions et nous souffrions pour elle.

Alors, pour de nombreuses filles qu'on voile de force ou qui se voilent pour acheter leur liberté, leur mariage, il y a au moins une Hanane.

Et tout ce que je sais de Hanane, c'est qu'elle mérite qu'on se batte pour elle. Elle a le droit de couvrir ses cheveux et de recevoir une éducation et un enseignement au même titre que tout le monde. Et la punir pour en sauver d'autres, c'est la punir deux fois !

Je disais donc au revoir à Hanane et au quartier, et je découvrais mon nouvel environnement, ma nouvelle école.

Je disais aussi au revoir à Roxane. Roxane ? Je ne vous ai pas encore parlé d'elle et vous vous dites : « Hey, il radote le gars, il nous avait pas dit qu'il n'y avait pas de blancs dans cette école ? » Ben Roxane, c'était ma professeur de latin. Une femme exceptionnelle. Très vite, elle a vu en moi des choses que d'autres ne voyaient pas, et très vite, elle s'est liée d'amitié avec ce jeune homme « un peu différent » et plein de questions sur lui-même et les autres. Elle était aussi la responsable de l'atelier théâtre de l'école et tout naturellement je me suis retrouvé dans cet atelier.

Elle avait ce « petit supplément d'âme » qui en faisait une professeur que tout le monde aimait et bien entendu, j'avais secrètement le béguin pour elle. Quand je suis parti de cette école, quitter Roxane et sa douceur, sa gentillesse et ce regard sur moi qui était différent, ça a renforcé le sentiment de déchirure que je vivais...

J'arrive donc dans ma nouvelle école !

Ça faisait longtemps que les seuls « Blancs » que je voyais étaient les professeurs et les flics, et là je me retrouvais à nouveau dans une classe où nous étions deux étudiants d'origine étrangère, et de surcroît musulmans.

À quinze ans, mon monde changeait à nouveau, mes références étaient de nouveau balayées et je devais réapprendre à vivre avec « l'autre ». C'était plus compliqué qu'en primaire où les relations allaient de soi et où on ne voyait pas la différence. Ici, la différence s'inscrivait partout. Et on sentait la différence dès l'arrivée des fêtes religieuses comme l'Aïd el-Kebir.

Tueur de moutons repenti et faux Libanais

L'Aïd el-Kebir, plus connue sous le nom de « fête du sacrifice » ou encore « fête du mouton », est un jour de fête très important pour les musulmans, c'est un peu notre deuxième Noël à nous. Le deuxième, car le premier c'est ? c'est ? Alors, on suit toujours ou pas ? Voilà, bravo cher lecteur, vous êtes toujours là : le premier, c'est l'Aïd al-Fitr.

Alors cette fête, c'est comme Noël sauf que le soir, c'est pas le père Noël qui arrive par la cheminée mais le mouton qui arrive par la cave. En fait, la veille de la fête, avec mon père, on partait à la campagne chez les marchands de bestiaux, le soir de préférence, pour ne pas se faire remarquer par la police qui avait pour ordre d'arrêter les convois « ovins ». Et puis, il fallait absolument régler toutes les tracasseries « logistiques » avant la prière de la fête qui avait lieu le matin, très tôt.

Ils adoraient les musulmans, les marchands de bestiaux. Chacun dans le quartier avait son marchand préféré chez qui il ramenait des clients. Les marchands étaient très souvent des paysans flamands qui avaient plusieurs troupeaux de moutons qu'ils engraissaient spécialement pour cette fête. Ils rivalisaient d'ingéniosité pour attirer la clientèle. Certains mettaient leur famille à profit pour désosser la bête après le sacrifice et on retrouvait des enfants de notre âge qui aidaient leurs parents à retirer la peau du mouton, à le couper en morceau et à le mettre dans des sacs. On se regardait en chiens de faïence, les enfants du paysan dégoûtés de devoir faire ça, et les enfants musulmans dégoûtés de devoir être là. Les seuls qui étaient heureux, finalement, c'étaient nos parents, qui avaient réussi à trouver un mouton, et les paysans qui arrivaient à écouler à prix d'or des centaines de moutons en une soirée.

Certains paysans avaient même dessiné une espèce de cube noir sur le mur de leur « abattoir » clandestin pour indiquer la direction de la Mecque, afin que les abatteurs officieux puissent « égorger en respectant la tradition ». En général, c'était un cousin qui venait d'arriver du bled, qui n'avait pas encore de papiers, qui n'était pas dégoûté par le sang et qui égorgeait par dizaines pour se faire un peu d'argent.

Beaucoup repartaient avec leur mouton dans un sac, mais pas mon père. Mon père avait acheté très tôt sa maison à Schaerbeek, et comme on avait un jardin et un grand garage, il avait accepté de rendre service aux voisins musulmans en ramenant leur mouton chez nous et en effectuant le sacrifice à la maison.

Beaucoup de musulmans trouvaient ça plus « cool » que le mouton soit tué le matin, juste après la prière. Du coup, on passait la soirée à faire entrer une dizaine de moutons dans le garage. Ma mère était dépitée, ça puait le mouton dans toute la maison, du rez-de-chaussée au deuxième étage. Les moutons passaient la nuit à bêler, mais les voisins ne se plaignaient pas et n'appelaient pas la police. Ils savaient que le lendemain, leur silence allait être récompensé, et mon père leur envoyait des côtes, du foie, des brochettes cuisinées. La tradition musulmane préconise de partager avec les voisins et, ce jour-là, les voisins s'accommodaient du bruit et des odeurs pour que la tradition soit respectée à la lettre !

On partait donc le matin, vers sept heures, à la mosquée du quartier pour prier. Ce jour-là, tout le monde était en stress, et l'imam avait intérêt à expédier rapidement son prêche, car les moutons criaient dans de nombreuses maisons de Bruxelles. Certains venaient même à la mosquée avec un couteau aiguisé dans la poche pour ne pas perdre la moindre minute et partir rapidement faire l'affaire de cette pauvre bête.

De retour de la mosquée, on trouvait à la maison des pâtisseries, des gâteaux, de la nourriture à profusion que ma mère avait passé la nuit à cuisiner, et comme on reçoit beaucoup de visites le jour de la fête, il faut que la table reste remplie de victuailles toute la journée.

On passait la matinée à égorger et dépecer les bêtes. Mes frères ne supportaient pas la vue du sang mais moi, étrangement, ça ne m'a jamais dérangé. Du coup, comme mon père ne supportait pas non plus la vue du sang, très vite, c'est moi qui ai aidé le pote de mon père qui venait égorger les bêtes.

Je mettais un sac poubelle au-dessus de mon training, je sortais la bête de la chambre où elle dormait, je la ramenais près de la table, la poussais sans violence sur le sol et passais le couteau sur sa gorge. Je la laissais se vider de son sang, puis je la portais avec les autres « aidants », on la posait sur la table et on la dépeçait. Une fois la carcasse ouverte, je récupérais le foie, que j'envoyais rapidement à ma mère pour qu'elle puisse le cuisiner et l'offrir à la famille pour le déjeuner, et je nettoyais la carcasse en récupérant le cœur, l'estomac et les poumons. Puis on accrochait la bête et on laissait la carcasse sécher, et on passait au suivant.

Il m'est arrivé de devoir en tuer une dizaine sur une matinée. Je sais, ça paraît choquant, et ça peut même vous donner envie de vomir, mais ça faisait partie d'un rituel.

Des années plus tard, j'y viendrai plus loin, j'ai appris que cette tradition n'était pas obligatoire et que cette souffrance infligée aux bêtes était infâme et tout sauf en accord avec les préceptes de l'islam. J'ai juré de ne plus jamais tuer un mouton pour la fête et j'ai remplacé la tuerie par une aumône.

J'ai appris que cette tradition, qu'on ne trouve nulle part dans le Coran, était surtout une tradition qui s'était amplifiée dans les pays pauvres où manger de la viande n'était pas aussi « naturel » que chez nous, et que tuer un mouton et le manger était plus une obligation « vitale » qu'un « effort religieux ».

Le pire, c'est que chez nous, personne à part mes parents ne mangeait de viande de mouton, du coup nous donnions la viande de notre mouton aux pauvres ou aux familles qui étaient dans le besoin : une femme seule avec ses enfants ou un étudiant.

Ce qui est assez paradoxal aujourd'hui, c'est que la majorité des Belges musulmans de ma génération détestent la viande de mouton. Je suppose qu'avoir vu autant de souffrance dans le regard de ces animaux a dû nous dégoûter à vie.

Après la fête, ma mère passait trois jours à nettoyer la maison et à nous enfumer avec de l'encens tellement ça sentait le fauve. Il fallait une bonne semaine avant que les odeurs ne disparaissent, et ma mère mettait tellement d'encens qu'on en avait mal à la tête.

Mais revenons à nos moutons, et à mon choc culturel lors de mon arrivée à « l'école du pays des Blancs ».

Ainsi, les jours de fête musulmane n'étaient pas jours de congé comme dans mon ancienne école, du coup on inventait des excuses bidon pour ne pas venir ; mais tout le monde connaissait les raisons de nos absences. Certains professeurs prenaient un malin plaisir à donner une interrogation importante le jour de cette fête afin de punir ceux qui, comme moi, s'absentaient. Le problème, c'est qu'on se trouvait entre le marteau et l'enclume, entre le professeur qui nous mettrait zéro et nos parents qui avaient besoin de main-d'œuvre et de notre présence en ce jour si important pour eux.

Encore cette schizophrénie, cette fatalité qui nous tombait dessus, cette dualité identitaire qu'il fallait gérer au jour le jour. On ne pouvait bien évidemment pas raconter notre journée de « fête du sacrifice » aux filles qui nous plaisaient à l'école, parce qu'on serait passés pour des sauvages. D'ailleurs, la commune dont j'étais issu avait la réputation d'être une commune de « sauvages », et on se passait bien de dire d'où on venait.

Vous voyez ce que je veux dire ? Non ? Ben ça veut dire qu'on a dû commencer à ruser face aux filles qui nous plaisaient. Du coup, on a eu une super idée ! Une idée géniale, la plus belle invention depuis la découverte de la roue. On se faisait passer pour des Libanais. Pourquoi le Liban ? Eh bien, imaginez la Syrie avec tous ses réfugiés, ça fait pleurer, c'est triste, c'est dur ? Eh bien à l'époque, c'était la même chose pour le Liban. Je sais, cher lecteur, vous devez vous dire : « Mais ils sont malades ! On ne rit pas avec la souffrance des autres. »

Ah ouais ? Et notre souffrance à nous, vous l'oubliez, hein ? On rêvait de pouvoir s'asseoir sur un banc avec une fille et discuter de philosophie et de géopolitique mondiale et... bon, c'est vrai, on rêvait d'un truc un peu plus physique, mais bon, on avait aussi droit à l'amour. Bref, le Liban, c'était le plan génial. On avait pensé à tout ! On s'était renseigné sur ce pays, on connaissait son régime politique, sa position géographique : en gros, on était paré pour draguer.

On avait pensé à tout, mais personne n'avait pensé à vérifier le programme scolaire du Liban. Du coup, quand les filles ont commencé à nous poser des questions sur nos poètes, sur nos auteurs, ben on était un peu dans la mélasse et notre plan machiavélique a fini par être dévoilé.

Retour à la case départ : je n'étais rien d'autre qu'un fils d'immigré marocain qui vivait à Schaerbeek. Ça le fait moins qu'Amin Maalouf, hein ? À qui le dites-vous !

Cette histoire me permet de faire un petit détour sur mon rapport aux filles et au sexe. Aussi étonnant que ça puisse vous paraître, je n'ai jamais vraiment été intéressé par la chose. La plupart de mes copains collectionnaient des conquêtes, et ceux qui n'y arrivaient pas organisaient des virées chez les prostituées à la gare du Nord ou à Anvers, pour ne pas être reconnus. Moi, je n'y ai jamais participé et je n'ai collectionné aucune conquête.

Déjà, je n'avais pas trop la cote avec les filles, et puis je ne faisais aucun effort non plus. Je ne me trouvais pas beau, donc je ne voyais pas l'intérêt de perdre mon temps, comme tous mes potes, à acheter des fringues ou à perdre un temps et un fric dingues chez le coiffeur pour me faire « défriser » les cheveux. Les coiffeurs du quartier se faisaient d'ailleurs un fric monstre avec les séances de « défrisage ».

Ben ouais, n'oubliez pas, on a souvent les cheveux bouclés, voire crépus, nous !

Donc je ne faisais aucun effort au niveau de ma tenue, je n'avais aucune idée de ce qu'il fallait dire à une fille pour la draguer et je n'ai d'ailleurs jamais dragué de ma vie.

Quant au sexe, eh bien, comment dire, je me suis toujours dit que là où mes potes considéraient ça comme une fin en soi, voire un but, moi je voyais ça plutôt comme une fusion, un rapport intime, tellement intime qu'il ne pouvait se faire qu'avec celle qu'on aimait vraiment.

C'est le résultat de mon obsession pour l'univers d'Alexandre Dumas et du romantisme. Ces univers où les héros ne couchaient pas rapidement avec celles qu'ils aimaient. Je me souviens que d'Artagnan n'a embrassé Constance que lorsqu'elle vivait ses derniers instants, sur un dernier souffle.

Par contre, même si je n'étais pas un tombeur ou un Casanova et que ma virginité était de marbre, j'étais devenu le confident de la plupart des filles de l'école. Je ne sais pas pourquoi : dès qu'une fille avait un problème de cœur, elle venait s'épancher sur mon épaule.

Bon, pour être honnête, je ne vais pas vous mentir et vous dire que mes hormones d'adolescent ne m'ont pas titillé et que la testostérone ne m'est pas montée au nez, mais j'avais lu dans un livre que dans ce genre de cas, il fallait jeûner. Et je jeûnais donc les lundis et les jeudis, comme c'était préconisé dans ce recueil de hadith.

Alors je ne sais pas si ce hadith était authentique, mais tout ce que je peux dire c'est que jeûner, ça m'a énormément aidé au niveau de la détermination et de la foi, mais pour gérer la testostérone, franchement les gars, faudra repasser !

Enfin, je pense aussi qu'un mec qui parle tout seul dans les couloirs de l'école, dans le métro ou dans la rue, c'est pas hyper sexy et ça n'attire pas immédiatement les filles en recherche d'amourettes. En même temps, j'étais tellement dans mon monde, que ça ne me posait pas de problèmes. Je voyais mes potes sortir le week-end avec des filles, emprunter la voiture de leur père (même parfois sans permis), et ils venaient me raconter le lendemain leur aventure.

Je hochais la tête pour faire croire que ça m'intéressait, esquissais un sourire forcé, mais je m'en foutais complètement. J'avais d'autres préoccupations.

L'Enfer et les châtiments : je me lance à la recherche de réponses

Mais revenons à mon rapport à cette nouvelle école. J'essayais d'éviter les questions en rapport avec ma religion, avec mon quartier, je sentais bien que les « autres » ne comprendraient pas et les idées reçues étaient déjà bien installées, je n'avais pas besoin d'en rajouter.

Mon arrivée dans cette école coïncidait avec un profond besoin de spiritualité, un besoin de savoir qui j'étais et d'où je venais réellement. Les réponses de mon père ne me convenaient plus. J'essayais de trouver des informations sur ce que j'étais vu qu'à l'école non plus, on ne nous disait rien.

Si je devais croire les livres d'histoire qu'on nous donnait à l'école, nous ne venions de nulle part. Nous n'existions que depuis l'arrivée massive d'immigrés. Nous étions un « problème non calculé », « une erreur statistique », bref, j'avais besoin de réponses.

Il n'y avait qu'une librairie islamique à la gare du Midi à l'époque, et j'y allais acheter des livres pour apprendre ce qu'était l'islam. Je ne trouvais pas vraiment de réponses à mes questions au milieu de livres qui parlaient de tout sauf des questions existentielles qui me taraudaient.

Rien sur l'histoire de la civilisation islamique ou même sur des questions existentielles sur l'existence (ou non) de Dieu ; en revanche, si votre femme ne vous obéissait plus, c'est qu'elle était possédée par un démon, et là, des livres pour exorciser cette épouse récalcitrante, ben on en trouvait par centaines.

Je sais, ça peut vous paraître bizarre, mais ce genre de livre fait encore un tabac aujourd'hui. *Exorcisme en islam*, *Les Affres de la tombe*, *L'Enfer et ses châtiments*, y'a de quoi vous faire peur à vie, et je crois même que c'était un peu le but, tiens.

Mais rien de tout ça ne me faisait envie ; moi, j'avais besoin qu'on me parle d'histoire, qu'on me dise pourquoi j'étais musulman et surtout : si j'allais le rester.

Je fais une pause dans mon récit, cher lecteur, pour insister sur ce point, ce sujet tabou : a-t-on fait le choix en tant que musulman de l'être, ou est-ce de naissance pour la majorité ? Et si c'est de naissance, peut-on en sortir ? Le fait même de se questionner sur l'existence de Dieu était tabou pour nous, or le doute est l'essence même de la foi.

On ne peut s'orienter vers une croyance que lorsqu'on y adhère pleinement, pas uniquement au niveau de la pratique, mais surtout au niveau de la foi.

Et la foi, quand vous avez seize ans, vous la cherchez vainement et vous essayez de vous accrocher à la moindre source d'information qui pourrait vous aiguiller. Du coup, vu que je ne trouvais pas mon bonheur dans les librairies spécialisées, que mes parents n'avaient pas les réponses aux questions que je me posais, surtout qu'un adolescent ne cherche pas les réponses chez son père, mais ailleurs, il ne me restait plus qu'un seul endroit qui aurait pu me donner des réponses : la mosquée.

J'allais à la mosquée et j'y restais après les prières pour écouter les « leçons » de l'imam. Aujourd'hui les jeunes appelleraient ça des « tuto », les leçons étaient des petites explications sur la manière de pratiquer l'islam au jour le jour. Comment faire les ablutions, comment se tenir pendant la prière, tout ça je le savais déjà et, surtout, les leçons étaient en arabe et ça ne m'arrangeait pas.

Bien sûr, grâce au gardien, j'avais appris à lire, écrire et comprendre l'arabe classique à coups de câble électrique, mais pour des questions existentielles, j'avais besoin qu'on me parle dans ma langue.

Rien d'intéressant donc, aucune leçon d'histoire, aucun sujet en rapport avec ma situation d'être hybride, mi-Européen, mi-musulman, je ne savais toujours pas d'où j'étais, ni quelle était ma place dans ce monde…

Et un jour où je n'écoutais pas la centième leçon sur la manière dont l'eau doit couler sur le bras droit avant le bras gauche, j'ai appris la présence d'un jeune prédicateur du nom de Hassan

Iquioussen. Ce jeune homme venait de France, de Lille, plus précisément. Il avait un Master en histoire et parlait un français parfait.

Il donnait des conférences dans un petit local situé dans une commune pauvre de Bruxelles. Je m'y suis rendu, un jeudi après-midi, et ce fut la révélation !

J'avais face à moi un petit homme, avec une petite barbe bien taillée, qui me parlait de l'histoire du Prophète, des califes tout en donnant des références que je comprenais. Il pouvait dans la même phrase citer le Club Dorothée et Uderzo tout en parlant de la bataille de Badr, première bataille des musulmans exilés à Médine.

Avec lui, j'ai découvert que l'islam pouvait se décliner en français, que je n'étais pas un élément importé et surtout, que je pouvais être fier de ce que j'étais. J'ai commencé à traquer ses conférences. C'était assez mal organisé, pas d'agenda, pas de publicité, et bien entendu pas d'Internet ou de mails à l'époque, du coup c'était le bouche-à-oreille. On entendait que Hassan allait venir dans tel local à Bruxelles, et on s'y ruait pour l'écouter.

Je buvais ses paroles et je me souviens que je voulais absolument le rencontrer pour lui déclarer mon admiration infinie. Et j'y suis arrivé un jour : je me suis faufilé au milieu de la foule et j'ai réussi à m'approcher de lui, et au moment où j'allais lui parler : rien. Aucun mot n'est sorti de ma bouche, j'étais complètement intimidé par cet homme qui représentait tout ce qu'il me manquait à l'époque : le savoir, une religiosité assumée tout en étant enracinée dans une culture européenne, de l'humour : je suis resté face à lui comme un idiot et il m'a souri, puis est parti.

C'est à cette époque que j'ai repris des cours d'arabe. Le cursus avait changé et s'était modernisé : fini les câbles électriques et les lattes en bois, bonjour les classes de quarante personnes de tous âges qui chahutaient et sautaient dans tous les sens.

La violence avait disparu et la pédagogie était toujours aussi exécrable, mais je me suis accroché pour pouvoir apprendre encore mieux cette langue dont j'avais besoin pour réaliser un projet secret que j'étais en train de concevoir au fond de moi depuis ma première rencontre avec Hassan : lire le Coran en entier.

Mais avant d'arriver à lire ce livre saint que peu de gens lisent, finalement, j'apprenais ma religion comme je pouvais, à travers la lecture de livres peu adaptés à ma vie d'Européen, et c'est là que le bât blessait. Plus je lisais, plus je m'éloignais de ce que j'étais, et plus je devenais quelqu'un d'autre.

J'avais lu qu'il ne fallait pas se retrouver dans des endroits mixtes où les femmes et les hommes se mélangent, alors je ne le faisais plus. Même en classe, j'essayais de m'éloigner des filles. Je ne leur faisais plus la bise, je leur tendais la main, car c'était ce que les livres préconisaient… Et encore, tendre la main était une légère entorse, car d'après ces livres qui venaient de loin, je ne pouvais même pas la leur tendre, cette main.

Plus j'essayais de me cultiver et de m'élever à travers les livres et plus je m'enfonçais dans un marasme, dans une obscurité sans nom qui m'éloignait de ma vie, de mon monde et qui me faisait plonger dans un univers qui me faisait peur, mais au sein duquel je me sentais quand même protégé.

Plus qu'à l'extérieur, finalement…

Je souffrais, l'adolescence était une période très difficile, que j'ai très mal vécue : au-delà des questionnements classiques que peut se poser un adolescent, j'étais en proie à la douleur qu'on ressent quand on ne sait pas d'où l'on vient ou même ce qu'on est.

Je sais, vous devez vous dire : « Mais il en fait trop là » ; eh bien, pas du tout. Je me souviens de ces soirs d'hiver où j'avais tellement mal au cœur, à l'âme et que je m'éloignais de chez moi, je marchais sous la pluie, mes écouteurs enfoncés dans les oreilles et je marchais, marchais, marchais. Le froid me fouettait le visage mais cette douleur me faisait du bien, je me sentais vivant. Puis, quand j'étais bien loin du quartier, là où personne ne pouvait me voir, je me tenais debout devant le grand building de l'avenue du Jardin botanique, au centre de Bruxelles. C'est une avenue particulière car ouverte, et le vent s'y engouffre violemment. La pluie y était encore plus forte et le froid encore plus mordant. Je m'arrêtais là car je savais que le bruit du vent cacherait mes cris : et je criais, je hurlais ma douleur, je pleurais toutes les larmes de mon corps et ça pouvait durer de longues minutes.

Je ne savais pas pourquoi je criais, ni pourquoi je pleurais, je savais juste que j'avais mal…

Quand je n'avais plus de larmes, ni de voix, je retournais chez moi, comme si de rien n'était, et je m'enfermais dans ma chambre et essayais à nouveau de trouver des réponses dans des livres.

Des livres écrits par des auteurs du Moyen-Orient qui n'avaient aucune idée du mal qui nous rongeait, nous les êtres hybrides, nous les bâtards, nous les sang-mêlés.

J'allais encore à la mosquée, je m'y sentais apaisé. Par la chaleur des tapis, le silence des vieux qui lisaient le Coran sans le comprendre mais en hochant la tête. Je restais dans mon coin, j'étais un des plus jeunes et les vieux commençaient à me reconnaître dans la rue. Ils disaient à mon père qu'il pouvait être fier de moi et je suppose que mon père a dû l'être, à sa manière.

Je vivais plus avec les vieux dans la mosquée qu'avec mes amis de l'école secondaire. Je n'avais pas réellement de vie sociale, je ne sortais pas, je n'ai d'ailleurs jamais mis un pied dans une discothèque de toute mon adolescence.

Et là, tout doucement, un sentiment de certitude apaisée m'envahissait. J'étais sur la bonne voie, j'étais sur la voie des justes, et moi aussi j'avais envie de m'inscrire sur cette liste que l'imam faisait défiler après la prière. Cette liste de gens qui partaient « fissabillah » (au nom de Dieu) dans des pays lointains pour « apprendre la religion ». Au Pakistan, en Afghanistan, là où « *nos frères mouraient pour défendre l'islam pendant que nous étions endormis par la société européenne* ».

L'imam nous racontait ces histoires miraculeuses de « frères » qui sont partis en oubliant de refermer la porte de chez eux, et à leur retour rien n'avait été volé, car Dieu protégeait leur maison.

Ces frères qui ont laissé femmes et enfants sous la protection de Dieu, car quand on a la foi, on est sûr !

Je commençais à les envier… tout doucement… je pensais moi aussi à partir… peut-être que je souffrirais moins… peut-être que c'est là-bas qu'elle était, ma place…

Je ne sais pas ce qui me serait arrivé si je n'avais pas été sauvé par deux événements qui brisèrent mes certitudes et me renvoyèrent au doute qui est le fondement même de la foi.

Je sais, vous vous dites : « Là il commence à se la jouer philosophe », mais n'ayez crainte, je vais vite revenir sur terre, car les voies du Seigneur ne sont-elles pas impénétrables ?

C'est bon, j'arrête…

Revenons à ces événements qui, je crois, m'ont sauvé la vie en me barrant la route. Le premier est arrivé à l'école arabe. Encore cette école arabe !

Moi, Jean-Jacques Goldman et la belle Gabrielle

À l'époque, j'avais abandonné toutes les choses futiles qui pouvaient m'éloigner de ma religion, sauf une. C'était trop difficile pour moi, je n'y arrivais pas : la musique. J'ai toujours été un mélomane presque autiste tellement j'avais besoin de musique pour vivre. Aujourd'hui, je sais que c'est mon côté « artiste » : ma créativité a besoin de notes pour exister, mais à l'époque je ne savais pas pourquoi je n'arrivais pas à me débarrasser de ce péché.

Car c'est comme ça qu'on le voyait : un péché qui pouvait nous envoyer directement en enfer.

Mais voilà : j'étais fan de Jean-Jacques Goldman et j'avais besoin d'une thérapie journalière de musique « Goldmanienne/Cabrelienne/Renaudienne » pour exister. Mon père m'avait acheté un walkman, c'était à la mode à l'époque. Quoi ? Un walkman c'est quoi ? Ben, c'était un petit boitier métallique dans lequel on introduisait une cassette ; pour résumer : un walkman, c'était un lecteur mp3 du passé, ça vous va, ça ? Et… quoi ? Une cassette c'est quoi ? On se réveille les amis, je l'ai déjà expliqué plus haut !

Bref, mon père m'avait acheté un walkman, et avec mon argent de poche j'avais acheté tous les albums de Jean-Jacques Goldman, et je les écoutais un à un sur la route de la mosquée. Écouter Goldman sur la route de la mosquée, ça peut paraître incongru, mais avec du recul je me dis que c'est une belle image de mon identité…

Et donc, un jour à la mosquée, j'étais arrivé en retard et, du coup, en plus de la punition classique, je me suis retrouvé derrière, à côté d'un élève nettement plus âgé que moi. J'ai sorti mon walkman de ma poche et l'élève en question me l'a pris des mains. Il a regardé la cassette et puis m'a regardé, choqué.

— Tu écoutes Jean-Jacques Goldman ?

— Ben oui, il chante bien, non ?

— Mais t'es fou ! Il est juif !

— Quoi ???

Je ne savais même pas ce que ça voulait dire, « juif »... En fait si, je savais un peu. La plupart des livres que je lisais parlaient de ces gens qui étaient à l'origine de tous les maux de la Terre, mais je n'en connaissais aucun. Et là, j'apprends que Goldman est juif ! Merde ! Mais ça change quoi, en fait ?

— Tu écoutes un juif ?

— Ben en fait, je ne savais pas, et...

— Attends, t'es con ou tu le fais exprès, Goldman, c'est clair que c'est un nom de juif !

— Ah bon ?

— « Man », « berg », « feld », « stein »... C'est des noms de juifs !

— Merde ! Attends, « berg » aussi ?

— Oui, « berg » aussi, je viens de te le dire !

— Spielberg aussi ???

— Franchement, t'es vraiment con ! Surtout Spielberg, c'est un sioniste, celui-là !

— Sioniste ? C'est quoi ça ?

— C'est encore pire qu'un juif !

J'avais encore plein de questions sur cette nouvelle découverte désastreuse, mais le prof nous avait remarqués et nous a fait signe d'arrêter.

— Un conseil, jette cette cassette et ne l'écoute plus.

— D'accord !

J'ai remis le walkman dans ma poche et je n'ai plus osé le sortir jusqu'à la fin du cours. Sur le chemin du retour, qui durait facilement une heure à pied jusqu'à chez moi, je n'ai pas osé toucher ce maudit walkman. Je crevais d'envie d'écouter de la musique pour m'évader des bruits de la ville, pour rêver, pour « ne pas marcher seul », mais je n'osais pas. Après tout, Goldman était juif et c'était trop grave ! Je risquais l'enfer et ça, ça ne m'enchantait pas du tout. C'est la marche la plus longue que j'ai dû faire de toute ma vie. Le temps ne passait pas, les chemins me semblaient encore plus sinueux et, pour couronner le tout, il s'est mis à pleuvoir, encore ! Arrivé chez moi, je n'étais pas d'humeur à parler à qui que ce soit et je suis monté rapidement au deuxième étage, où se trouvait ma chambre, je me suis enfermé et me suis jeté sur mon lit. J'ai pris le walkman et en ai retiré la cassette de Goldman. J'ai regardé cette cassette pendant de longues minutes, puis j'ai ouvert la fenêtre et me suis apprêté à la jeter. Juste avant de lâcher le petit objet en plastique qui devait m'envoyer directement en enfer, j'ai regardé le ciel. J'ai cherché Dieu, je l'ai cherché longuement, puis je lui ai parlé. Ça doit vous étonner qu'un adolescent parle à Dieu, comme ça, sans précaution oratoire ? Ben, si vous vous souvenez du début de mon histoire, je suis un as dans l'art de parler sans interlocuteur visible. Vous vous souvenez ? Mes séances de monologue sur la route du supermarché ? Ben, disons que ça aide à ne pas attendre de réponse directe, ou du moins visible. Du coup, je me suis habitué à parler directement à Dieu. J'ai commencé beaucoup plus jeune à lui poser des questions, à lui demander des choses, et donc il était normal qu'en ce jour précis, je lui parle :

« Dieu, je sais que ma question va vous paraître bizarre, mais j'aime la musique et j'aime écouter la musique de Goldman. Je sais, il est juif et on ne peut pas, mais justement je voudrais savoir pourquoi on ne peut pas. Il ne dit rien de mal et moi ça me fait du bien, alors pourquoi est-ce que vous avez permis que ça me fasse du bien alors que c'est interdit ? »

Pas de réponse…

« Est-ce que c'est vraiment interdit ? »

Pas de réponse…

« Dieu, si vous m'interdisez quelque chose qui me fait du bien, c'est que soit vous n'existez pas, soit vous êtes mauvais et vous n'êtes pas le bon Dieu… »

Pas de réponse…

« … soit vous n'avez jamais dit ce genre de choses et ce n'est pas vrai… »

Deux pigeons se sont installés sur la corniche et m'ont regardé en roucoulant. Je sais, vous allez me dire, « son histoire est tirée par les cheveux », et ce n'était que deux pigeons qui venaient roucouler sur la corniche de ma fenêtre comme ils le faisaient tous les jours. Mais j'ai décidé d'y voir un signe. Quand on est adolescent, on cherche des signes partout, et celui-là me suffisait. Pour la première fois, je me suis dit qu'on faisait dire à Dieu des choses qu'il n'avait jamais dites, et c'est ça que les deux pigeons voulaient me faire comprendre. J'ai refermé la fenêtre, redéposé la cassette dans le walkman et posé les écouteurs sur mes oreilles, puis j'ai appuyé sur le bouton en me disant que le monde était meilleur « quand la musique est bonne ».

Première fissure dans le mur épais de mes certitudes, le monde n'est pas manichéen, il n'est pas binaire, il n'est pas fait de « halal *vs* haram » (licite *vs* illicite). Il y a quelque chose entre. Tout ce que ces livres m'ont appris sur la culpabilité que je dois ressentir du fait de ne pas vivre ma religion assez « durement » commençait à me paraître dangereux. Mais il n'y avait rien d'autre sur le marché, rien pour m'aider... En fait, si... Il y avait bien ce livre qui trônait sur le meuble du salon, en bas. Il est vieux, il a plus de mille trois cents ans... Peut-être que lui pourrait m'aider ?

Je suis descendu pendant la nuit et ai récupéré le Coran qui se trouvait dans le salon. Il était écrit en arabe avec la traduction en français sur la page d'à côté. J'ai pris la décision de le lire. La méthode était simple : je le lisais en arabe et dès que je ne comprenais pas un mot ou une expression, je lisais la partie en français pour essayer de comprendre...

Ça m'a pris des mois, mais j'y suis arrivé, je venais de lire le Coran complètement. Et j'ai vécu un choc énorme : à la fin de la lecture, je n'ai rien trouvé sur tous ces interdits qu'on m'imposait, sur cette haine de l'autre qu'on essayait de m'inculquer... Rien ! Toutes ces pratiques que je vivais au jour le jour n'étaient pas liées à l'islam, mais à la tradition. Je ne me suis d'ailleurs jamais remis de ce choc. Mon monde s'ébranlait autour de moi, les certitudes qui me protégeaient volaient en éclats.

Ce qui me faisait peur, c'est que j'étais sûr d'avoir une foi inébranlable et là, tout doucement, elle vacillait. J'étais envahi par le doute... Et le pire, c'est que ce doute était permis par ce livre qui citait en exemple Abraham, le patriarche, qui lui-même doutait.

Et si la foi était tout simplement... le doute... et si le doute était le propre de la foi ?

Beaucoup de questions, très peu de réponses, mais une seule certitude : j'avais été berné !

Mon rapport au religieux changeait tout doucement, je pratiquais toujours autant, je lisais toujours autant, mais je n'acceptais plus aussi facilement, n'acquiesçais plus au prêche de l'imam.

J'avais besoin de vérifier tout ce qu'on me disait et je commençais tout doucement à découvrir ce qu'on appelle « le sens critique ».

Goldman fut donc ma première bouée de sauvetage…

La deuxième vint au courant de la même année : j'étais en fin de secondaire, à l'athénée, et j'essayais toujours de trouver ma voie. J'étais un peu plus flexible, mais le rapport aux filles était toujours encadré par des règles religieuses : pas de bises, pas de contact, discuter de préférence avec une musulmane, etc. Puis elle est arrivée comme un chien dans un jeu de quilles, et elle a balayé tous mes principes aussi vite qu'elle était arrivée.

Elle, c'est Gabrielle ! Heu… Vous pensez bien que c'est un nom d'emprunt. Non mais ! Je veux bien raconter mon intimité, mais y'a des limites quand même ! Gabrielle, elle avait ce côté fougueux, nonchalant, artiste qu'on ne voyait qu'à la télé. Elle s'est prise d'amitié pour mon groupe de copains et pour moi, par extension. Elle ne voyait pas en nous des « Arabes » ou des « musulmans », mais juste des potes avec qui elle s'amusait et qui la faisaient rire.

Je dois avouer que tout le petit groupe avait le béguin pour elle, moi y compris.

Et tout bascula avec elle !

« On ne serre pas la main aux filles » ? Qu'à cela ne tienne, Gabrielle nous faisait la bise sans nous laisser le choix.

« On ne peut pas rester seul avec une fille sinon le diable s'infiltre entre nous » ? Gabrielle, elle s'en foutait, elle nous invitait dans sa chambre pour écouter de la musique et elle fumait une cigarette sur le rebord de sa fenêtre.

Aucun des principes religieux vitaux que j'essayais de m'appliquer ne résistait à cette tornade de vie. Et plus le temps passait, et plus j'aimais sa présence « folle » au milieu de nous.

Elle était différente, et en même temps similaire. Différente, car nous venions « d'ailleurs », et pas elle. Similaire, car nous avions grandi dans la même ville, dansé sur les mêmes musiques et ri aux mêmes blagues. J'allais de plus en plus souvent chez elle et je délaissais les conférences dans les mosquées. On se retrouvait, le soir, après l'école, en groupe et on allait soit en ville, soit chez elle et on refaisait le monde.

Pas étonnant d'ailleurs que la première fois que j'aie découché, c'est chez elle que j'ai passé la nuit avec d'autres copains. On restait là, à discuter de la vie, de nos peurs, de nos angoisses, de notre avenir qu'on n'arrivait pas encore à voir. Une vie d'ado, quoi.

Et puis un jour, elle m'apprit qu'elle était juive ! Quel choc ! Autant, je pouvais pardonner à Goldman d'être juif parce qu'il avait un statut particulier dans mon monde, mais là, c'était pas un auteur/compositeur de génie dont on parlait, mais d'une copine.

Une copine juive ? Merde ! Mais ça changeait tout en fait ; et la Palestine ? Et Israël ? Et les colonies ? Et... en fait... et... quoi ?

Ça changeait quoi finalement ? Je me suis posé la question en rentrant chez moi. Ça changeait quoi ? Elle restait la même, non ? Elle n'était pas différente maintenant qu'elle était juive.

De nouveau perdu ! J'essayais de chercher dans mes livres si je pouvais être ami avec une juive. Je cherchais dans les livres, car je savais ce que je risquais comme réponse à la mosquée ou à l'école arabe. Ce n'était même pas la peine d'essayer. Si déjà Goldman c'était pas possible, je n'ose même pas imaginer ce qu'ils m'auraient répondu pour une copine !

Imaginez un peu : elle était juive et fumait sur le rebord de la fenêtre en écoutant de la musique : c'était un *strike* niveau péché.

Et de nouveau, rien dans le Coran. Rien qui ne me pousse à la haine, rien qui ne m'interdise d'aimer ou pas, de me lier d'amitié ou pas...

Bien entendu, on a continué à être amis, et j'ai été assez triste qu'elle quitte l'école l'année d'après. Je ne l'ai d'ailleurs plus jamais revue, mais sa présence cette année-là m'a catégoriquement changé, à tout jamais.

En effet, depuis cette rencontre, j'ai entendu de nombreux discours haineux à l'égard des juifs. Mais à chaque fois qu'un tsunami de haine venait s'abattre sur moi, je fermais les yeux et je repensais à Gabrielle. Elle était devenue mon île. Je courais me réfugier sur cette île le temps que le tsunami s'abatte et finisse par disparaître. Je savais quelle fille géniale elle était et que, par sa présence dans mes souvenirs, les discours haineux à l'égard des juifs ne pouvaient être qu'un ramassis de conneries.

À sa manière, elle m'a sauvé...

Devenir représentant des élèves musulmans ? Ça c'est fait

Ma dernière année en secondaire. Toute ta vie d'élève et d'étudiant, tu attends la fin et quand tu y arrives, tu es perdu. Cette année-là était assez spéciale, d'abord parce que je voyais le bout du tunnel, mais sans savoir ce qu'il y avait derrière. Ensuite, j'ai été élu représentant des étudiants, et la première demande que m'a faite un groupe d'étudiant, c'était… « *Pourrait-on avoir un espace de prière pendant le ramadan à l'heure du repas vu qu'on ne mange pas ?* »

C'est marrant, hein ? Vous devez vous dire : « Elle est où la sacro-sainte laïcité » ? « Séparation de l'Église et de l'État ! » Oui, ben c'est bien beau par écrit, mais nous, on ne demandait pas que l'État devienne religieux, juste un petit espace pour y passer nos midis et prier. Je me suis dit que ce n'était pas idiot comme demande et que cela valait le coup qu'on se batte pour ça. J'ai rédigé une demande et requis une « audience » auprès du préfet. (Oui, quand on est adolescent, le préfet, c'est un peu comme un roi, donc on demande une audience.)

Le jour du rendez-vous, j'étais suivi par une centaine d'élèves curieux de connaître la réaction du préfet face à cette demande « spéciale ». Le bureau du préfet avait l'air énorme, et moi si petit face à la grande table qui trônait au milieu du local. Je me suis installé face à lui, je l'ai regardé droit dans les yeux, j'ai respiré un coup et :

— Monsieur, j'ai une requête de la part des élèves musulmans de l'école.

— Ah bon ? Et quelle est-elle ?

— Eh bien, vous n'êtes pas sans savoir (j'adorais cette formule, ça donnait du style !) que le ramadan a commencé et du coup, pendant l'heure du midi, comme beaucoup ne mangent pas, des élèves se retrouvent à errer dans la rue ou dans le centre commercial, ce qui donne une mauvaise image de l'école et de ses élèves.

— Effectivement...

— De ce fait (ça aussi c'était classe !), il serait peut-être plus opportun (là, on est loin dans le style, qu'est-ce que vous croyez, je m'étais préparé, moi !) que les élèves puissent avoir un local où se regrouper, discuter pendant l'heure du midi et ainsi ne plus occasionner de gêne sur la voie publique (celle-là, je l'avais empruntée à un copain qui s'était fait arrêter par les flics pour cette raison, justement).

— En gros, vous me demandez de mettre à disposition des élèves musulmans un local pendant l'heure du midi, c'est ça ?

— Oui, monsieur (pfff, tout ce travail de précaution oratoire pour qu'il résume tout en une phrase même pas belle !).

— Et votre professeur de religion islamique, il en dit quoi, lui ?

— Il nous soutient ! (Faux, archi-faux, mais comme il avait dit : « Faites ce que vous voulez, je ne m'en mêle pas », on peut considérer ça comme une forme de soutien. Si pas dans le monde d'ici-bas, au moins dans l'au-delà !).

— Très bien, voyez avec les éducateurs s'ils peuvent vous mettre à disposition un local !

— Quoi ? Vraiment ? (Je sais, j'ai tout cassé en disant ça, mais en même temps, je ne m'y attendais pas du tout).

— Oui, vraiment. Vous pouvez partir.

— Merci, monsieur.

Je suis sorti de son bureau, bouche bée. Les autres m'attendaient devant la porte. Des centaines de paires d'yeux qui me regardaient en attente d'une réponse. Je leur ai souri et fait signe que oui. Tout le groupe s'est lancé dans une clameur inintelligible, mais qui sentait bon la joie de vivre. Nous avions notre local, et nous avions surtout prouvé que nous pouvions être entendus.

Nous avons obtenu un local chez les éducateurs puis nous avons décidé d'y aménager un coin pour prier. Chacun avait une tâche précise à respecter : qui de ramener des tapis, qui de ramener des Corans, d'autres de ramener des chaises d'autres classes, et en moins de temps qu'il n'en faut pour le dire, nous avions notre local de ramadan.

Les élèves m'avaient choisi pour donner une espèce de « sermon » chaque jour sur un sujet qu'ils choisissaient. Je recevais les questions la veille, et le lendemain je revenais avec des ébauches de réponses trouvées dans des livres chez moi.

Au début, nous n'étions pas beaucoup dans le local, puis, de fil en aiguille, le bouche à oreille a fait son œuvre et nous étions beaucoup trop nombreux. Il fallait laisser la porte ouverte pour que des élèves s'assoient dans le couloir, et les nuisances que j'avais promis au préfet d'éviter à l'extérieur se sont développées à l'intérieur, au point que nous avons fini par perdre notre local avant la fin du ramadan.

Mais je n'étais pas triste du tout, au contraire ; ce qui m'importait, ce n'était pas le local en tant que tel, mais le fait qu'une demande, considérée comme légitime, valait la peine qu'on se batte pour elle. J'ai compris bien plus tard qu'une école n'était pas la place pour un local « religieux », et si c'était à refaire, je ne le referais peut-être pas. Mais, encore une fois, j'apprenais à vivre en société, en démocratie. J'apprenais les règles de la négociation, j'apprenais à trouver ma place dans cette société et à être l'acteur de ma propre vie.

Là, avec ce local, je ne subissais pas, je décidais. La réunion que j'ai eue avec le directeur, d'égal à égal, m'avait boosté. Je voulais faire quelque chose de ma vie, je voulais servir, je voulais décider.

Je ne savais juste pas comment y arriver et puis, à dix-sept ans, on ne sait pas encore où l'on va.

Mais, là encore, je ne savais pas que le Dieu auquel je croyais allait me réserver une surprise de taille en me poussant vers la voie que j'espérais atteindre. Je devais juste encore attendre un tout petit peu.

C'est aussi en cette dernière année de secondaire que j'ai pu approcher de très près le mythe : j'ai pu assister à mon premier concert de Goldman !

Cela faisait des mois que j'attendais et que j'avais économisé pour le billet, mais pour une raison que j'ai oubliée, mon père m'avait interdit de sortir ce soir-là. Je ne sais plus vraiment pourquoi j'étais consigné à la maison et je suis sûr qu'il devait y avoir une bonne raison, mais le fait est que ce soir-là, je n'avais pas le droit de mettre un pied dehors.

Vous pensez bien que je n'allais pas rater un concert de Goldman. J'ai donc fait le mur en connaissant les risques. Je me suis rendu à la salle de concert et j'ai fait la queue pendant des heures pour être parmi les premiers dans la salle. À l'intérieur, c'était l'euphorie. Tout le monde chantait en attendant l'arrivée du Boss et puis… il était là, debout, devant moi. Premiers accords de guitare, premières paroles et la salle était en délire. Je chantais de toutes mes forces et me retrouvais à chanter avec de parfaits inconnus.

Je regardais autour de moi, nous étions tous différents, nous étions des milliers et nous ne nous reverrions peut-être jamais plus, mais le temps d'un soir, le temps de quelques chansons, nous étions similaires.

Nous avions un « dénominateur commun ». L'image de cette salle qui chante d'une seule voix où se mêlait la mienne est restée gravée longtemps dans ma mémoire. Je me rendais compte que j'avais des points communs avec de nombreuses personnes qui vivaient dans la même ville que moi, qui aimaient les mêmes chansons que moi, mais qui étaient différentes de moi. Et malgré les différences, il fallait simplement pousser un petit peu la porte et regarder cette petite chose qui nous rassemble, fût-elle aussi futile et éphémère qu'une… chanson.

Un dénominateur commun…

Le mollusque qui entre dans un bar

Fini l'école ! À moi la liberté, les grandes étendues sauvages, l'océan à perte de vue, la félicité permanente et surtout... un ennui à en mourir.

Ben ouais, tu attends tellement la fin de l'école que quand ça te tombe dessus, tu ne sais pas quoi faire. Je m'étais inscrit à l'université, mais je n'étais vraiment pas encore prêt. Mon père était pourtant si fier. Il m'avait acheté un costume/cravate et une valise Samsonite pour mon premier jour d'université.

Quelle honte ! En faculté de droit, tout le monde portait des jeans et des t-shirts. Je suis entré dans cet amphithéâtre comme un mollusque qui entrerait dans un bar. Tout le monde m'a regardé comme si j'étais un extra-terrestre. Finalement, je n'y serais resté que quelques mois, dans cette faculté. Je m'y ennuyais vraiment trop, et le côté rigide du droit me dérangeait. Je n'étais pas fait pour ça.

J'avais trouvé, avec un copain, un job étudiant dans une société de télémarketing. Au départ, on devait juste travailler trois heures par jour mais, à force, on y bossait huit heures par jour et on n'allait plus à l'université. Je n'avais pas réellement besoin d'argent et mon père me donnait ce dont j'avais besoin, mais j'espérais gagner mon indépendance, et puis je voulais retourner aux États-Unis sans demander à mon père de me payer le voyage. Du coup, j'ai laissé tomber l'université et j'ai bossé comme un malade.

C'est d'ailleurs dans cette société de télémarketing que j'ai réellement vécu le racisme pour la première fois de ma vie. Nous étions une grosse équipe de jeunes « beurs », filles et garçons, à travailler dans cette société, et nos chiffres de ventes étaient exceptionnels. Ben oui, c'est pas à des Belges d'origine arabe que vous allez enseigner la méthode pour vendre des tapis ou du sable dans le désert. On était super bons en vente. De plus, l'avantage du téléphone, c'est qu'une voix, ça n'a pas de couleur. Bon, pour certains, c'est vrai que leur accent du ghetto trahissait leur origine, mais bon, ceux-là ne passaient pas l'entretien d'embauche. Mais ceux qui comme moi, et nous étions légions, avaient une voix neutre, eh bien nous étions engagés directement et nous faisions des ravages en matière de vente.

Nous avions un document qui nous servait de repère pour répondre aux questions que se poseraient nos « victimes » potentielles, et nous devions nous présenter sous un nom d'emprunt : ben oui, pas de problème pour la voix neutre, mais fallait pas pousser le bouchon ! « Bonjour, je suis Oussama Ben Laden et j'aimerais vous vendre le nouveau *Petit Spirou* », ça le faisait pas trop. Quoiqu'Oussama Ben Laden n'était pas encore devenu l'Empereur du Côté Obscur qu'il est aujourd'hui ; mais n'empêche que ça ne serait pas passé.

Du coup, moi, mon nom de vendeur c'était « Michel Henrion ». Hey, rigolez pas, ça aurait pu être comme dans la chanson de Linda Lemay, et j'aurais pu m'appeler « Alphonse ». Donc « Michel Henrion », c'était juste ce qu'il me fallait.

Et pour vendre, on vendait ! On vendait tout : des livres, des BD, des machines à laver, des aspirateurs, des fauteuils et même des camions !

Alors, je vous parle des camions, cher lecteur, car c'est avec eux que le bât a blessé. Le patron était très fier de nous et nous étions payés quatre euros de l'heure. C'est pas beaucoup, je sais, mais pour des étudiants, c'était juste ce qu'il fallait. Nous recevions des primes en fonction de nos ventes, et le patron venait nous féliciter chaque jour. Un jour, pourtant, il est venu nous voir et il avait l'air dépité.

« Les amis, j'ai une bonne et une mauvaise nouvelle à vous annoncer. LA bonne, c'est que vous avez fait exploser les chiffres de vente pour la marque XXXXX (non, je ne donnerai pas de nom) *et le client veut venir vous voir pour vous remercier de vive voix. »*

Waouw, qu'est-ce qu'on était fier ! Le client allait venir lui-même nous serrer la pince. C'est peut-être pas grand-chose pour vous, cher lecteur, mais pour des étudiants en manque de reconnaissance, c'était le nirvana. Ben alors, c'était quoi la mauvaise nouvelle ?

« La mauvaise nouvelle, c'est que... comment dire... en fait... il est... foncièrement raciste et il ne supporte pas les... en fait... les... Noirs et les Arabes donc... pour ne pas... enfin... pour ne pas le perdre comme client... ben... j'ai demandé à un groupe de jeunes.... Belges... enfin, vous voyez ce que je veux dire... de venir faire de la figuration le jour où il viendra... »

On était sous le choc, mais on n'était qu'au début de notre surprise. Le jour où le client est venu, notre patron nous a demandé de nous cacher dans le débarras, où il nous a enfermés. Nous étions une dizaine, comme des esclaves, enfermés dans le débarras, écoutant les éloges que le client faisait aux figurants qui avaient pris notre place dans la salle.

Je n'oublierai jamais ce sentiment de honte qui m'a envahi. Je me suis senti sali, insulté, dégoûté. Je ne comprenais pas. J'en voulais à la terre entière, j'entrais dans le territoire de la discrimination et j'y entrais par la grande porte.

Le soir, chez moi, j'ai eu besoin de me laver, tellement je me sentais sale. Je ne suis plus jamais retourné au travail. Je ne pouvais plus. De toute façon, ce n'était que temporaire, le temps que j'amasse assez d'argent pour aller aux USA, et j'avais de quoi tenir pour un voyage de quinze jours.

Adieu « Michel Henrion », et bon débarras...

America, me revoilà !

Mes parents m'ont accompagné à l'aéroport. Mon père avait peur et ma mère pleurait. C'était la première fois qu'ils laissaient partir leur fils aussi loin, dans un pays qu'ils ne connaissaient pas. Ils m'avaient bien envoyé plusieurs fois au Maroc mais, là-bas, c'était différent. Au Maroc, j'allais chez la famille, je dormais chez ma grand-mère, c'était chez eux. Mais les USA, c'est le Nouveau Monde et je n'avais que dix-huit ans. Ni Internet, ni les téléphones portables n'existaient à l'époque, donc ils n'avaient rien pour communiquer en temps réel. Ils devaient attendre mon bon vouloir et que je prenne le téléphone de l'hôtel pour leur parler très rapidement, car ça coûtait excessivement cher.

Bref, je pars enfin pour les USA. Je ne leur ai jamais dit, mais à vous je peux le dire, cher lecteur, vu qu'on se dit tout : je ne comptais pas revenir. Je nourrissais le rêve secret de travailler dans l'industrie cinématographique. Ouais, je sais, je ne vous en ai pas encore parlé, mais chaque chose en son temps et puis, voilà, maintenant je le fais. Ça m'est tombé dessus un jour, au cinéma. C'était la première fois que j'allais tout seul au cinéma et j'avais choisi le film un peu par hasard. C'était l'histoire d'un frère qui kidnappe son frère aîné, autiste, pour exiger une rançon vu qu'il s'était fait gruger par son père qui l'avait déshérité au profit de ce frère autiste. Le pitch était pas top, mais j'étais arrivé en retard et c'était la seule séance qui restait. Je suis donc entré voir *Rain Man* et j'ai ressenti ce que certains appellent une révélation. Je n'en revenais pas. Comment un film pouvait me faire ressentir tout ça ? Comment deux acteurs pouvaient me faire pleurer de la sorte ? Quelle magie, quel démon se cachait derrière l'écran ? Je voulais faire « ça ». Par « ça », je ne savais pas encore ce que je voulais. Faire des films, jouer, donner le café au réalisateur, cirer les chaussures des comédiens, j'en savais rien, mais je voulais faire partie de cette magie. Alors, quand je suis parti aux USA, je me disais que j'allais pouvoir intégrer la magie et en faire partie…

L'avion a atterri à Los Angeles en pleine nuit et je voyais des milliers de lumières par le hublot de l'avion. Ah, pour l'anecdote, mon père m'avait conseillé de prendre « repas casher » parce qu'« *avec les juifs, au moins t'es sûr qu'il n'y a pas d'arnaque* ». J'ai découvert « la discrimination positive du repas casher ». L'hôtesse me cherchait avant le décollage et m'a ramené mon plateau scellé pour me prouver qu'il était scellé, et je devais le desceller moi-même. Du coup, tout le monde dans l'avion savait que j'étais juif… heu… non… croyait que j'étais juif… enfin… bref, j'étais marqué. Du coup, pendant le vol, un homme avec un chapeau et des « papillotes » est venu me parler, en yiddish d'abord, puis en anglais pour me demander d'où je venais et si j'avais de la famille à Los Angeles. Je ne sais pas pourquoi, mais quand je lui ai dit que j'étais musulman et que j'avais pris un repas casher parce qu'au moins j'étais sûr de ne pas y trouver du porc, il m'a souri puis n'est plus revenu me parler. Enfin, je peux quand même vous confirmer que les repas casher dans l'avion, c'est délicieux.

Arrivé à Los Angeles, je découvre l'immensité des USA, et surtout leur tendance à tout voir en grand. L'aéroport à lui seul faisait la taille d'une ville. J'ai pris un taxi et j'ai discuté avec le chauffeur, et plus nous discutions et plus nous nous enfoncions dans la ville qui semblait de moins en moins jolie.

Arrivée à Downtown – c'est là que j'avais réservé mon hôtel. J'étais étudiant, donc l'hôtel que j'avais pris était à la hauteur de mes moyens, dans les bas-fonds ! C'était sale, puant, bruyant, effrayant, je me souviens avoir enjambé un sans-abri pour entrer dans l'hôtel. À l'intérieur, le réceptionniste, qui dormait, m'a indiqué ma chambre. Un tout petit cagibi sans toilette, ni douche. Quand je lui ai demandé où se trouvaient les toilettes, il m'a indiqué une pièce au rez-de-chaussée qui servait de toilettes et de douches publiques. J'y ai passé la pire nuit de ma vie : les bruits de sirènes, les odeurs nauséabondes, la chaleur d'une chambre à Los Angeles, en plein été, sans air conditionné. Bref, pour le glamour du « *lifestyle* californien », faudra repasser. Le lendemain, ou plutôt, en pleine nuit (merci Mr Jetlag), je suis sorti me promener et manger un morceau. J'ai vite déchanté : la pauvreté à l'état brut m'attendait dans les rues de L.A. J'ai demandé à la serveuse du bar ouvert toute la nuit où se trouvaient les studios de cinéma. « *Partout dans la ville* », m'a-t-elle répondu. Alors j'ai passé la semaine à essayer de trouver la magie du cinéma, un studio, un acteur, n'importe quoi, en fait. Je suis juste tombé sur un idiot qui m'a grugé de trente dollars pour me montrer la villa de Columbo.

Finalement, j'ai été très déçu de mon voyage, d'autant que j'ai rencontré énormément de serveurs qui rêvaient de travailler dans l'industrie du cinéma. C'était tout sauf glamour, et je n'étais pas prêt à tous ces sacrifices pour réaliser mon rêve, pas encore. J'ai décidé de rentrer à Bruxelles, et surtout d'y trouver ma voie. Il y a quand même eu un point positif à ce voyage, en plus du fait d'avoir raffermi mon envie de trouver ma voie à Bruxelles et pas ailleurs : j'ai visité une mosquée à Los Angeles. Et là, j'ai eu un choc : les femmes et les hommes priaient dans le même espace. Quoi ???? Sacrilège ! Blasphémateurs ! Chiens de capitalistes ! Communistes !

Quoi ? C'est bon, j'arrête, mais comme aux USA ils voient tout en grand, ils ne s'arrêtent pas à une seule exclamation et je voulais vous faire vivre le rêve américain et... D'accord, j'arrête et je reviens à cette histoire de prière mixte.

Chez moi, à Bruxelles, les femmes et les hommes ne se mélangent pas dans les mosquées. Ils se mélangent partout, du marché au tram en passant par le discount du coin, mais pas à la mosquée. Les hommes ont un grand étage, souvent au rez-de-chaussée, et les femmes, une petite salle très mal aménagée à l'étage. Et même les entrées ne sont pas les mêmes ; bref, impossible de croiser une femme dans une mosquée.

Les mosquées les plus modernes mettaient des haut-parleurs à disposition des femmes pour qu'elles puissent entendre le sermon de l'imam, qu'elles ne voyaient pas, bien entendu.

C'était ça, nos mosquées, alors vous comprenez bien que quand j'ai découvert qu'à Los Angeles, les femmes priaient dans le même espace que moi et que je pouvais discuter avec elles directement après la prière, et pire, prendre un café dans la « buvette de la mosquée », je suis resté tétanisé.

Soit les musulmans américains étaient complètement à côté de la plaque et avaient été dénaturés par le virus de l'*American way of life*, soit c'est moi qui étais complètement dans l'erreur avec ces pratiques d'un autre âge.

J'étais de nouveau perdu, mais au moins j'avais découvert qu'on pouvait pratiquer de manière différente d'un pays à l'autre. Et rien que pour ça, même si je n'avais pas pu concrétiser mon rêve américain, mon voyage valait le détour…

Flic et beur

De retour à Bruxelles, j'étais encore plus paumé qu'avant mon départ. L'année scolaire touchait à sa fin et il fallait absolument que je m'inscrive quelque part pour l'année scolaire suivante, d'autant que mon père ne supportait plus le fait de me voir me perdre à ne rien faire. J'avais entendu parler d'une école de cinéma à Bruxelles, par hasard, dans le journal. C'est marrant, on ne nous avait jamais dit que ça existait. Toutes les associations qui s'occupaient des étudiants et de leur avenir, genre Infor-Jeunes, etc., ne nous orientaient jamais vers ce genre d'école. C'est comme si ce débouché n'existait pas pour nous. On nous orientait vers la comptabilité et les assurances. Mais sur le métier de réalisateur, dessinateur, animateur, caméraman, directeur photo, ingénieur du son et tous ces métiers que je découvrirais au début de ma carrière de réalisateur, bien plus tard, pas un mot.

Ils étaient inexistants dans notre imaginaire d'étudiant. J'ai donc été voir cette école de plus près, j'ai demandé la brochure et, en regardant la file devant moi, j'ai vite baissé les bras. Il y avait un examen d'entrée et d'après ce que m'avait dit un de mes frères de douleur qui faisait la file avec moi, ils posaient plein de questions sur des films « bidons » que personne n'avait vus. D'ailleurs, j'ai discuté un peu avec ce frère de douleur pendant qu'on faisait la queue.

— Quoi, pas de question sur *Rain Man ? Forrest Gump ? La Chèvre ?*

— T'es fou ! Tais-toi ! Tu vas nous faire repérer. S'ils t'entendent, tu ne passeras jamais l'examen d'entrée. Pour les profs, c'est pas des films, ça, c'est de la daube ! Tu connais Truffaut ?

— Le mec qui vend des pralines à la rue Neuve ?

— Nan, le réalisateur. Putain, t'as pas de culture cinématographique, toi !

— Ben, désolé, mais au vidéoclub du quartier, y'avait pas Truffion !

— Truffaut !

— Pardon, Truffaut, par contre y'avait des films de Jackie Chan, c'est bien ça, la culture asiatique, non ?

— Franchement, mon gars, tu aurais dû choisir une autre voie. Tiens, la comptabilité ou les assurances, ça te dit pas ?

Je n'ai donc pas tenu les trois heures de file obligatoires pour m'inscrire à l'Insas et je suis rentré chez moi, désespéré. Et comme chaque fois, Dieu ou le destin, appelez-le comme vous voulez, moi j'aime bien Dieu, c'est plus facile à retenir et ça fait moins « je-me-la-joue-car-j'utilise-le-mot-destin-dès-qu'il-y-a-moyen », est venu frapper à ma porte au moment où je m'y attendais le moins. Et cette fois, il a pris la forme de mon pote Nordine.

Nordine et moi, on s'était rencontrés en quatrième secondaire, et puis on est devenus inséparables. Il travaillait avec moi dans l'agence de télémarketing et il y était resté, lui, pendant que je cherchais ma voie. Un jour, donc, il est venu chez moi, comme d'habitude, sauf qu'il avait un exemplaire des petites annonces avec lui.

— Alors, Saidi, on glande toujours ?

Ne me demandez pas pourquoi, mais il m'a toujours appelé par mon nom de famille.

— Ouais, fieu, rien à faire.

— Et ton école d'artistes ?

— Laisse tomber, ils sont trop bizarres ! Ils connaissent même pas Jackie Chan.

— Ah ouais ? Quand même ! C'est grave ça. Qui ne connaît pas Jackie Chan ?!

— Du coup j'ai laissé tomber, et là franchement faut que je trouve une solution parce que si je continue à glander, mon père va me foutre dehors.

C'était l'impression que j'avais et je devais me dire ça pour me mettre la pression, mais je vous rassure, jamais mon père ne m'aurait foutu dehors. C'est juste pas dans ses mœurs, mais alors là, pas du tout. Chez ceux qu'on appelle poliment les « Méditerranéens » (d'ailleurs j'aimerais rappeler à tout le monde que la majeure partie du Maroc est bordée par l'Atlantique, au cas où ça intéresserait quelqu'un), chez nous quoi, on garde ses gosses avec soi jusqu'à ce qu'ils se marient, et croyez-moi, c'est pire qu'en Sicile, ça peut durer des plombes. Mon oncle, au Maroc, habitait encore dans sa chambre à cinquante ans !

— Eh bien, Saidi, j'ai peut-être une solution !

— Ah ouais, tu me loges chez toi ?

— Mais non, idiot, regarde !

Il me tendit son journal.

— C'est quoi ça ? Une annonce pour un massage torride ? Hey, j'en suis pas encore là mon vieux et...

— Mais non, idiot, à côté, regarde !

— La police de Bruxelles engage ?! C'est quoi ça ?

— Ça te dirait pas de devenir flic ?

— Hein ? Mais ils engagent pas les Arabes !

— Ben pourquoi pas ? J'ai un pote qui m'a dit qu'ils voulaient justement commencer à engager des Arabes.

— Mais les flics, c'est pas censé être nos ennemis, par hasard ?

— Ben non, pourquoi, c'est écrit où ça, dans le Coran ?

— Non, j'ai pas trouvé ça dans le Coran. Mais t'es sérieux ?

Il était sérieux ! Il m'a laissé le journal pour que j'y réfléchisse et franchement, vu la tête que faisait mon père à chaque fois qu'il rentrait du boulot et qu'il me trouvait à la maison, j'ai pas dû réfléchir bien longtemps. Le lendemain, on a été chercher tous les documents dont on avait besoin et on s'est inscrit. Il y avait quatre tests à passer : un test physique, un test écrit, un test psychotechnique et une interview avec un jury. Bon, pour le premier test, il fallait courir sept kilomètres. Nordine et moi, on n'était pas les meilleurs sportifs du monde, quoique lui, au moins, il savait jouer au foot, et nous avons dû nous entraîner un maximum pour courir dans les temps requis. Tous les soirs, on sortait et on allait courir au pied de l'Atomium, pendant plusieurs mois jusqu'au jour fatidique du premier test.

Eh bien, on l'a réussi haut la main ! Après la réussite du premier test, on pouvait passer le deuxième. Le test écrit. Là, j'ai rencontré une brunette, sympa mais un peu « rentre-dedans » comme gonzesse. Elle s'appelait Myriam. Je la trouvais mignonne mais son côté « mordant » me tapait un peu sur le système, je reviendrai à elle plus tard. Nordine a raté l'examen écrit, et moi je l'ai réussi. Je me retrouvais face à un dilemme : continuer et abandonner mon pote qui était à l'initiative du projet, ou abandonner et devoir me taper les remontrances de mon père. Pour des raisons évidentes, j'ai fini par choisir la première option. J'ai donc continué, et là tout a été très vite. J'ai réussi les tests psychotechniques, puis j'ai réussi l'interview devant le jury et, en moins de temps qu'il n'en faut pour le dire, j'ai signé mon contrat auprès de la Ville de Bruxelles comme aspirant agent de police (aujourd'hui on appelle ça aspirant inspecteur de police) le 13 février 1996.

La formation de policier durait neuf mois, comme une grossesse, sans les migraines, mais avec la prise de poids. Je m'y suis royalement emmerdé. En fait, j'étais beaucoup trop jeune pour tout ce système hiérarchique. J'avais dix-neuf ans, des rêves plein la tête et là, j'avais l'impression d'avoir intégré l'armée. Séances de « drill » où on te faisait défiler comme un pingouin, cours de police de la circulation où tu devais faire la circulation en jaune fluo sur un rond-point où, comme par hasard, tous tes potes passaient pour te rire au nez.

Faut dire que c'était nouveau pour les potes, et pour moi aussi, d'ailleurs. Aujourd'hui on voit beaucoup de personnes issues de l'immigration dans les rangs de la police mais, à l'époque, à la police de Bruxelles, nous devions être une demi-douzaine sur plus de deux mille policiers. Et nous étions la première fournée ; avant nous, les seuls « beurs » que les policiers avaient rencontrés étaient, pour la majorité, ceux qu'ils arrêtaient, donc je ne vous dis pas l'ambiance à l'école de police.

Je pensais de plus en plus à arrêter cette formation où je ne me sentais pas à ma place, je séchais de plus en plus de cours, je ne respectais pas la « hiérarchie », j'ai eu mes deux premières mises à pied en formation, ce qui relevait de l'exploit vu que je n'étais même pas encore en service.

J'avais pris ma décision et j'étais à deux doigts de rendre mon tablier lorsque des collègues, en formation comme moi, m'ont invité à une soirée. Je n'y allais jamais mais là, je m'étais dit que j'allais essayer, peut-être que ça allait me changer les idées. Vous vous souvenez de la Myriam dont je vous ai parlé plus tôt, mais si, la féministe mordante qui en plus était ceinture noire de Viet Vo Dao, un art martial assez rude ? Oui, elle ! Eh bien, elle avait réussi les examens et était avec moi en formation. Elle était venue aussi à cette soirée et je l'ai trouvée très jolie d'ailleurs, tellement que je me suis dit que j'allais dépasser mes peurs et ma timidité et que j'allais l'inviter à boire un verre ; qui sait, avec elle, j'aurai peut-être pas besoin de me faire passer pour un Libanais…

On s'est mariés le 1er mars 1997, six mois après notre rencontre. Ce n'était pas un coup de foudre, non, c'était plus profond. Cette impression que vous vous connaissez depuis toujours, que le moindre de vos pas était fait pour vous rapprocher d'elle. Un sentiment de sérénité ; en fait, l'inverse du coup de foudre, finalement…

Me voilà marié à… vingt ans. Nous avons célébré le mariage civil à la commune de Saint-Josse, celle où je suis né, et nous avons célébré le mariage « traditionnel » un an plus tard. Quoi ? C'est quoi cette histoire de mariage « traditionnel » : oui, c'est vrai, j'oublie parfois que vous n'avez pas tous les codes pour comprendre.

Eh bien sachez, cher lecteur, que chez nous, le mariage civil, nos parents, ils s'en foutent ! Tant qu'ils n'ont pas invité cinq cents personnes, que tous les invités ne se sont pas remplis la panse pendant trois jours, il n'y a pas de mariage et tu continues à habiter chez tes parents. Voilà pourquoi, marié, j'habitais encore dans ma petite chambre du deuxième, chez mes parents, à Schaerbeek, et Myriam habitait encore chez sa mère. Un an plus tard, donc, les épousailles officieusement officielles ont enfin eu lieu. C'était le premier mariage de la famille et j'étais le premier à quitter le cocon familial, non seulement chez mes parents, mais chez la majorité des familles que l'on connaissait, et j'étais très jeune. Ça a été un choc pour mon père, il a d'ailleurs eu du mal à s'en remettre et je n'arrivais pas à comprendre pourquoi. Aujourd'hui que je suis père à mon tour, je comprends cette douleur qu'il a ressentie. C'est une partie de sa vie qui est partie avec moi. Il a déjà dû s'arracher à son pays, à son passé, à sa famille pour que je puisse venir au monde et là, c'est moi qui m'arrachais à lui. Le soir de mon mariage est d'ailleurs une des rares fois, avec la mort de Madame, où j'ai vu mon père pleurer.

Madame… J'aurais tellement aimé qu'elle soit là, j'aurais tellement aimé la voir rire et être fière en me voyant porter mon beau costume. Je l'aurais entendue dire : « Que tu es beau mon petit Maël ! » Elle m'aurait serré dans ses bras et m'aurait embrassé et chatouillé avec le duvet qui lui bordait les lèvres. Elle m'aurait conseillé, comme elle le faisait avant :

— Maël, sois toujours poli avec les gens et aimable. Laisse ta place dans le tram aux personnes âgées, dis-leur bonjour et souris-leur.

— Mais Madame, parfois, y'a des gens qui veulent pas me dire bonjour !

— Ce n'est pas grave, Maël, ce qui compte c'est ce que toi tu fais, pas ce que les gens ne font pas. Si toi tu leur dis bonjour, si toi tu leur souris, c'est toi qui seras un ange, tu aimerais ça, être un ange ?

— Oui, Madame, parce qu'un ange ça peut voler et j'aimerais bien voler.

J'ai pensé à elle, ce soir-là, et elle m'a terriblement manqué. Du côté des femmes, c'était plein de monde et... comment ça, c'est quoi cette histoire du côté des femmes ? Vous n'êtes pas au courant ? Pfff, décidément, faut tout vous dire. Bon, chez nous, les mariages ne sont pas mixtes. Les hommes et les femmes célèbrent le mariage séparément. En gros, l'horaire est le suivant : premier jour, la future mariée va avec sa famille au hammam et avec sa nouvelle belle-famille (hey, pas mixte, j'ai dit, donc on ferme les yeux !), et le soir il y a une cérémonie du henné chez elle où des « pseudo-artistes » spécialistes du henné badigeonnent ses mains et ses pieds avec cette substance à l'odeur nauséabonde (je sais de quoi je parle, ma mère en a mis toute sa vie). Deuxième jour, le mariage a lieu chez le mari, avec sa famille et tous les amis de la famille et du marié, et en parallèle chez la mariée dans une grande salle où la famille de la mariée et les amis de la famille se réunissent ainsi qu'une partie de la famille du marié. Il n'y a que des femmes et la mariée porte des tenues de Goldorak qui pèsent une tonne et qu'elle doit changer cinq fois devant une salle ébahie sur une musique cacophonique horrible, et, du coup, personne ne peut entendre les remarques désobligeantes de quelques jalouses qui attendent leur propre défilé avec impatience. Là, le marié vient chercher la mariée, l'emmène chez eux. C'est là que le cortège de voitures démarre pour effectuer une promenade jusqu'au domicile des tourtereaux. Pour votre information, ils étaient cinq cents invités dans la salle, et ma belle-mère se plaignait d'avoir dû « oublier » des personnes, car il n'y avait pas assez de place dans la salle. Quand je vous dis que nous sommes légion, ce n'est pas une métaphore.

Enfin, le dernier jour, le troisième, est un reste d'une tradition horrible et archaïque où la famille de la mariée exhibait les preuves de la virginité de la mariée. Au départ, la famille de la mariée venait chez la famille du marié et on exhibait les draps tachés de sang. Bon, je vous rassure, ça ne s'est pas fait chez nous et ça ne se faisait plus depuis quelques années… seulement !

Bref, un vrai marathon de trois jours, et lorsque je suis rentré enfin dans mon nouvel appartement, nous étions vidés !

Marié et flic ! Pas mal

Mon mariage coïncidait avec mes premiers jours de service en tant que policier. Ma rencontre avec Myriam m'avait décidé à tenir le coup et à terminer l'école de police, et là, j'entrais en brigade.

Mon premier jour était très spécial. Il faut savoir que comme je m'étais marié avec une policière, nous n'avions pas le droit de travailler dans le même commissariat, donc nous avons été éloignés chacun à une extrémité de la ville. On ne se voyait jamais. Pire, on avait obtenu des horaires contraires : lorsqu'elle finissait sa nuit, je commençais ma journée. Des jeunes mariés qui ne se voyaient jamais, c'était notre cadeau de mariage offert par la Ville de Bruxelles. Donc mon premier jour, j'arrive au commissariat à Laeken et je me présente au policier à l'accueil.

— Bonjour, monsieur, je…

— Bonjour, carte d'identité…

— Non, en fait, je viens pour…

— Monsieur, sans votre carte d'identité, je ne peux rien faire pour vous et…

— Je viens pour travailler, monsieur !

— Quoi ?

— Je sors de l'école de police et c'est mon premier jour.

— Ah ben, fallait le dire, entre !

J'entre dans le commissariat et là, dans la « salle de briefing », je trouve toute la brigade assise en train d'attendre le début du service. Mon entrée, avec ma Samsonite (oui, je sais, c'est celle que mon père m'avait forcé à prendre à l'université. Quand il a appris que j'allais devenir policier, il m'a forcé à la prendre, tellement il était fier), a fait un effet bizarre. Tout le monde s'est tu et ils ont commencé à me regarder de bas en haut et de haut en bas. Quelques secondes de silence qui m'ont semblé longues, longues, si longues, et puis un policier, moustachu, bedonnant, s'est levé et s'est approché de moi.

— C'est toi, Saida ?

— Non, c'est Saidi, monsieur !

— T'es pas une fille ?

— Heu… ben non… en fait…

— Hey les gars, on s'est fait avoir, c'est pas une beurette. Moi je ne patrouille pas avec lui !

Le policier est retourné s'asseoir et a commencé à discuter bruyamment avec les autres. Je suis resté debout comme ça pendant quelques secondes de nouveau, puis le chef de brigade est venu me trouver et m'a indiqué la personne qui avait été « désignée » pour patrouiller avec moi. C'était un policier d'une cinquantaine d'années, qui était le seul, apparemment, que ça ne dérangeait pas trop de patrouiller avec moi.

— C'est quoi ton prénom ?

— Ismaël.

— Moi c'est Éric, viens, on prend la voiture et je t'explique comment ça marche.

Je l'ai suivi et nous avons commencé notre patrouille. Nous n'avons pas beaucoup parlé en fait, je découvrais l'univers des patrouilles de nuit, et lui devait sûrement se poser plein de questions sur moi qu'il n'osait pas poser. En plein milieu de la nuit, nous nous sommes arrêtés pour la pause et il m'a proposé de m'offrir une bière. C'était la manière la plus gentille qu'il avait trouvée de « créer des liens ». J'étais gêné, car je devais décliner son offre, et je ne voyais pas comment faire pour la décliner sans le blesser.

— Désolé, en fait, je ne bois pas d'alcool.

— Ah ! Et la bière ?

— Ben, c'est une boisson alcoolisée et je ne peux pas…

— D'accord !

Je sentais bien que je l'avais blessé, mais je n'avais pas d'autre choix. Je n'ai jamais bu la moindre goutte d'alcool de ma vie, et je n'allais pas commencer ce soir-là. Bref, j'ai raté une occasion de socialiser et il m'en a voulu. Pire, il l'a répété aux collègues qui étaient donc confortés dans l'idée qu'ils se faisaient de moi, à savoir : « Une cinquième colonne qui a infiltré la police pour mieux la détruire de l'intérieur. »

Bref, première nuit de patrouille : 0/10. Les jours, les semaines et les mois qui ont suivi ont vu ma situation empirer. Personne ne voulait patrouiller avec moi, ils en étaient presque réduits à tirer à la courte paille, et lorsque ça tombait sur un collègue, je l'entendais hurler de rage. Je montais dans le véhicule et je ne disais rien pendant la patrouille, je répondais aux messages radio, j'intervenais auprès des « particuliers » (c'est le nom qu'on donnait aux clients, du moins les gentils, à la police), je faisais mes rapports et je rentrais au commissariat. Je commençais à m'habituer à cette situation de paria et je me disais que j'allais essayer de tenir comme ça encore quelque temps, jusqu'à ce que je puisse demander ma mutation. C'était sans compter avec la période de « bizutage ».

J'étais nouveau, j'étais un bleu, un « spits », comme on dit en bruxellois, fallait que je passe par là. Parfois, ce n'était pas trop méchant, comme cette journée des vingt kilomètres de Bruxelles où on m'avait déposé à côté d'un arbre dans le parc du Cinquantenaire à Bruxelles, sans radio, sans rien pour contacter les collègues et où on m'avait demandé gentiment « *de surveiller l'arbre* » contre d'éventuelles dégradations. Les collègues m'ont déposé à dix heures du matin...

... à vingt-trois heures, lorsque je voyais qu'aucune camionnette ne revenait me chercher, je suis allé au commissariat le plus proche pour vérifier où étaient les collègues. Ils étaient rentrés chez eux depuis vingt heures. Et le poste de surveillance qu'on m'avait attribué était inexistant. J'avais donc passé treize heures à côté d'un arbre pour rien.

C'était pas trop méchant, juste frustrant. Un autre soir, nous étions appelés pour une « chute VP » (une chute sur la voie publique), nous sommes arrivés sur place et il s'est avéré que la chute n'était pas une chute, mais un crime. Un homme avait subi une « cravate mexicaine ». En gros, on lui avait ouvert la gorge, fait sortir sa langue qu'on avait nouée comme une cravate. C'était la punition pour des dettes de jeu « non payées ». Quand je suis arrivé sur place, la victime était encore en vie, mais elle est morte dans mes bras. Le collègue m'a demandé de faire entrer le corps dans le hall de l'immeuble à côté, de fermer la porte à clé pour que personne n'entre ni ne sorte et d'éteindre les lumières pour que la presse ne prenne pas de photos. Je devais l'attendre le temps que le médecin légiste et le parquet viennent sur place. Je me suis donc enfermé à côté du corps et j'ai attendu. Il était vingt heures. Le parquet est arrivé à… quatre heures du matin.

Le corps faisait des bruits bizarres à côté de moi, des gaz s'en échappaient et tous les muscles se décontractaient pour laisser passer tous les fluides. C'était horrible. J'avais vingt ans et j'étais effrayé. Je n'avais jamais vu un cadavre de ma vie. Lorsque le parquet est arrivé sur place, le substitut fut étonné que les lumières soient éteintes et que la porte soit fermée à clé. Je lui ai expliqué pourquoi et j'ai vu les collègues rire derrière lui. J'ai vite compris que je m'étais fait avoir.

C'était la pire nuit de ma vie, j'ai passé la nuit à regarder ce cadavre se décomposer pendant que je me demandais ce que je faisais là. Je suis rentré chez moi en fin de nuit, j'ai retiré mon uniforme qui s'était imprégné de l'odeur du mort et je l'ai jeté à la poubelle. J'ai passé la journée à pleurer seul dans mon lit. C'était beaucoup trop pour le « gamin » que j'étais.

Finalement, comme pour tout, mes malheurs ont fini par s'arrêter lorsque la prochaine fournée de « bleus » a été livrée au commissariat. Ils étaient devenus à leur tour des souffre-douleurs et on m'avait laissé un peu tranquille.

Je continuais donc mes patrouilles, de nuit, de jour, et je découvrais la ville sous toutes ses coutures. J'ai toujours eu la chance de ne pas connaître la délinquance, la drogue, les vols, les viols, et là, je découvrais tout à la vitesse grand V.

Je devais faire face aux réactions des collègues, mais aussi « des miens ». Les jeunes d'origine étrangère comme moi, qui ne comprenaient pas que je puisse les trahir de la sorte en travaillant pour « l'ennemi ».

Je passais de « je ne veux pas patrouiller avec un bougnoul » à « sale traître, vendu ! ».

Heureusement, tout n'était pas noir, il y avait énormément de collègues sympas et avenants et il m'a fallu un peu de temps pour les rencontrer, mais, une fois le courant passé, je commençais tout doucement à me faire ma place au sein du commissariat. Mon chef de service a très vite compris que j'avais une faculté assez impressionnante pour l'écriture. Je rédigeais mes rapports et mes procès-verbaux à une vitesse folle. Quand il fallait des heures à certains, moi, je rédigeais un rapport en vingt minutes.

Et comme les policiers n'aiment pas rester « à l'intérieur », mon chef m'a demandé si ça me dérangerait de faire « la garde » : la garde, c'est l'accueil aux victimes et la rédaction de plaintes pendant la nuit. Il m'avait dit qu'il avait remarqué que je savais « parler avec les particuliers » et que j'arrivais à être fin diplomate, ce qui était loin d'être le cas des autres policiers qui travaillaient avec moi. Comme ça arrangeait tous les autres vu qu'ils pouvaient sortir en patrouille pendant que moi je me tapais tous les rapports, et surtout que ça m'arrangeait moi, vu que j'adorais écrire, on avait trouvé un terrain d'entente et j'étais en train de devenir la coqueluche du commissariat.

Les collègues me ramenaient mon repas du soir, faisaient attention à ce que je puisse avoir des sandwichs sans porc, m'amenaient toujours une bouteille de limonade quand ils ramenaient de la bière aux autres collègues, et surtout venaient me demander conseil sur la manière de rédiger un P.V. pour qu'il « n'y ait pas de retour ».

Un retour, en jargon policier, c'est quand votre P.V. est tellement mal rédigé qu'il revient du parquet pour être modifié ou refait. Les miens ne revenaient jamais alors que les autres revenaient très souvent.

Me voilà donc enfin à ma place : je rencontre les gens, je les écoute et je rédige des procès-verbaux tout en étant respecté par les collègues. Il n'empêche qu'à l'accueil du commissariat, j'ai dû aussi faire face à des situations spéciales. Je me souviens de ce soir où une femme qui venait de se faire agresser est venue porter plainte.

— Monsieur, je voudrais déposer plainte pour agression.

— Vous avez vu l'agresseur, madame ?

— Oui, je l'ai vu.

— Et il ressemble à quoi, madame ?

— Eh bien, en fait, je..., il...

J'avais compris sa gêne.

— Il était comme moi, madame, c'est ça ?

— Oui, mais, je suis désolée, pardonnez-moi, je ne suis pas raciste et...

Je lui ai expliqué qu'elle ne devait pas s'excuser, au contraire, qu'elle était victime, que je comprenais. J'avais pris l'habitude de ce genre de réaction et ça ne m'a jamais choqué. Ce qui me choquait plus, par contre, c'était le manque flagrant de considération pour les femmes victimes de viols. Je m'étais plains plusieurs fois chez le chef pour lui dire que ce n'était pas à moi de prendre l'audition d'une femme victime de viol. Que c'était insupportable pour elle de devoir raconter son viol à un homme, que certaines le vivaient comme un deuxième viol ! Rien n'y faisait et je devais quand même prendre les dépositions de viol, à l'accueil, devant tout le monde. Vous imaginez la douleur de ces femmes qui non seulement viennent de vivre l'horreur, mais qui doivent la raconter à un homme, dans un espace ouvert, au vu et au su de tous ?

Ces rencontres avec toutes ces victimes m'ont mis dans un état particulier, je commençais à me sentir enfermé dans ce commissariat. Il me manquait quelque chose, je ne savais pas quoi, mais je ressentais un manque. J'avais pourtant tout ce dont j'avais toujours rêvé : une épouse que j'aimais et qui attendait notre premier enfant, un logement, une bonne situation mais… j'étouffais. Quelque chose n'allait pas…

Et si c'était les études ? Et si j'avais arrêté trop tôt ? Je n'avais pas envie de faire comme beaucoup de collègues et de commencer déjà à compter le nombre de jours qu'il me restait jusqu'à la retraite. J'étais trop jeune, j'avais encore besoin de vivre, d'apprendre, de savoir…

Le savoir… C'était peut-être ça. J'ai alors pris la décision de reprendre mes études à vingt-quatre ans…

Devenir père ? C'est, comment vous dire…

J'allais devenir père. J'étais au commissariat quand j'ai reçu l'appel. Ma femme était à l'hôpital et le travail avait commencé. Déjà, il m'a fallu un peu de temps pour comprendre ce que voulait dire ce mot, « travail ». C'est moi qui étais au travail et c'est elle qui était à l'hôpital. Et on me parlait de travail qui avait commencé. Fallait que j'aille voir ce qui se passait là-bas. J'ai demandé à un collègue de me remplacer au commissariat et j'ai couru vers l'hôpital.

Sur place, on m'a indiqué la salle d'accouchement : alors déjà, le mec qui a dit que la naissance de ses enfants était le plus beau jour de sa vie est un menteur ! S'il y a bien un jour que j'essaie d'oublier, c'est ce jour-là. La salle d'accouchement ressemblait à une salle de torture du Moyen Âge avec plein d'instruments en métal bizarres dont je n'essayais même pas de comprendre l'utilité. Ma femme était là, couchée dans une position plus qu'inconfortable. La gynécologue m'a demandé de m'asseoir près de ma femme et de lui prendre la main. Je ne comprenais pas trop ce que je faisais là, je ne servais à rien. Ma femme criait et serrait ma main au point de me briser les phalanges. Je regardais autour de moi et, franchement, je commençais à avoir peur. Déjà, y'avait trop de monde. Ils étaient au moins cinq à regarder ma femme ; dans le genre pudique, ils pouvaient repasser, franchement ! Et puis mon regard a été attiré par ce seau. Un seau posé en dessous du lit, à hauteur des genoux de la gynécologue. J'étais en train de me dire qu'ils auraient pu au moins nettoyer la chambre avant l'accouchement quand, aux premières injonctions de la gynécologue, « *Poussez, madame, poussez !* », j'ai compris l'utilité du seau.

J'étais horrifié ! C'est ça un accouchement ? Dans les films, les femmes sont maquillées, coiffées, souriantes même quand elles crient. Les pères affichent cet air satisfait avec un petit regard en coin fier vers leur femme, du genre : « T'as bien fait ton job, chérie ».

Moi, j'étais là, dégoûté de ce que je venais de voir, la main en miettes car ma femme n'arrêtait pas de l'écraser, j'entendais ses hurlements, mais aussi ceux de la femme de la chambre d'à côté qui avait choisi le même jour que nous pour être délivrée. Bref, si le purgatoire existait, j'étais assis en plein dedans.

Puis, soudain, la gynécologue s'est mise à crier : « *On voit sa tête, poussez, on voit sa tête.* » La tête de qui ? Elle ne parlait pas de moi, j'espère, ça faisait une heure que j'étais là, et si elle venait à peine de remarquer ma tête, je pouvais commencer à avoir de sérieux doutes sur ses compétences.

— Si vous avez une caméra, c'est le moment, monsieur !

— Le moment ? Le moment de quoi ?

— Ben de filmer, monsieur !

Quoi ? Mais elle était folle, celle-là ! Filmer l'accouchement ? Mais j'allais le montrer à qui, ce film ? Elle avait pas honte ! Déjà qu'au niveau pudeur, chez nous, là on est à 9 sur l'échelle de Richter, mais si je ramène un film avec ma femme qui accouche, mon père m'arrache la tête. Et, en plus, j'avais pas de caméra, donc on oublie le film gore. La gynécologue m'a regardé, étonnée que je refuse de filmer, puis a continué. Et là, je vois qu'elle me tend un petit être vivant bizarre, recouvert de poils et d'un liquide verdâtre. Qu'est-ce qu'elle voulait que je fasse avec ça ? Ça ressemblait à rien, je commençais à me poser de sérieuses questions sur la génétique, et elle m'a tendu une paire de ciseaux. De nouveau, je ne comprenais pas ses codes à cette gynécologue ; qu'est-ce qu'elle voulait que je foute avec une paire de ciseaux ? À moins que ce ne soit pour... la circoncision. Ah ouais ? C'est ça qui s'est passé avec mes frères. C'est ça que mon père voulait dire quand il parlait de circoncision à l'hôpital ? Mais c'est dégoûtant. Franchement, je commençais à regretter le barbu qui s'était occupé de moi à la maison. C'était pas le nirvana en matière de relations publiques, mais, au moins, on a fait ça chez moi, au chaud et au propre. Et en plus, je n'étais pas compétent pour couper le prépuce. Fallait un imam et là, franchement, je... « *Vite, monsieur, coupez le cordon !* »

Un cordon ? Quel cordon ? Elle me prenait pour une de ses infirmières, celle-là. Faudrait peut-être lui dire que je ne bosse pas pour elle et qu'elle pourrait se trouver…

« Le cordon ombilical, monsieur ! Là, le truc mauve ! »

Ah ouais, pour être mauve, il était mauve. Franchement, je ne savais pas que ce truc vivait à l'intérieur de ma femme. J'ai regardé ce cordon, on aurait dit un morceau d'alien. Et en plus, c'était dur à couper, j'ai dû m'y prendre à deux fois avant d'y arriver. Là, la gynécologue a déposé le petit sur le torse de ma femme. Le petit dormait déjà. L'infirmière l'a laissé quelques minutes sur son torse, puis l'a pris et m'a demandé de la suivre.

Je me suis retrouvé dans une petite chambre où l'infirmière a lavé ce petit être et puis l'a piqué au pied. Après ça, elle l'a emmitouflé dans une tenue puis me l'a donné en quittant la chambre. J'avais du mal à le tenir. Je n'avais jamais tenu un truc aussi petit dans les bras. Je le regardais, il dormait. Il avait l'air si fragile, je me disais qu'il dépendait de moi, là, que si je le lâchais, il ne survivrait pas. Que là, toute sa vie dépendait de… moi ! Je fus envahi d'une énorme peur : et si je n'étais pas à la hauteur, et si je n'y arrivais pas, et je n'arriverai pas à lui donner une bonne éducation, un toit, la sécurité…

Et si je n'étais pas capable de m'occuper de lui ! Pendant que toutes ces pensées me dévastaient, lui, il dormait paisiblement. Il était bien, là, dans mes bras. Rien ne pouvait lui arriver, dans mes bras. J'y arriverai peut-être alors ? Je serai peut-être capable d'être son père ?

Son père… Ce mot résonnait bizarrement, à tel point que je l'ai dit à voix haute pour être sûr : son père ! J'étais… père… comme… mon père…

Je suis sorti de la chambre envahi par un sentiment de fierté mêlé à cette peur de mal faire les choses qui nous accompagne toujours quand on veut bien faire et, arrivé dans la chambre d'accouchement, j'ai présenté notre fils… à sa mère.

Après la naissance de mon premier enfant, j'étais donc sûr qu'il fallait que je reprenne mes études arrêtées bien trop tôt à mon goût. J'avais demandé un changement d'horaire pour suivre des cours de jour, mais la hiérarchie me l'a refusé, donc je me suis arrangé avec des collègues pour reprendre toutes leurs nuits, et j'allais à l'école le jour. J'ai commencé par un graduat (Bac + 2) en relations publiques. Je me souviens des premières semaines :

j'arrivais cerné et fatigué aux cours et je n'avais dit à personne que j'étais policier. Du coup, après quelques semaines, j'ai été convoqué chez le recteur car il voulait me proposer une rencontre avec la psychologue afin de régler mes problèmes... de drogue ! Quels grands yeux il a ouvert quand je lui ai appris que mes yeux cernés venaient du fait que j'avais fini mon service à sept heures et rejoins immédiatement les bancs des cours à huit heures du matin.

Mon histoire avait forcé le respect des professeurs et ils ont commencé à être plus coulants avec moi. Le jour de mon examen de « relations publiques », je devais travailler pour l'Euro 2000 et mon chef avait encore une fois refusé de me changer mon horaire pour que je puisse participer à l'examen. Ma prof avait trouvé une solution : elle était venue à l'école à six heures du matin pour que je puisse passer mon examen et commencer mon service à huit heures. Elle était venue uniquement pour moi, j'étais touché par autant de gentillesse. Lorsqu'elle a déposé les feuilles de questions sur mon banc, elle est sortie de la classe. Je l'ai rappelée pour lui demander pourquoi elle ne me surveillait pas ; c'est vrai, c'était quand même un examen, quoi !

— Monsieur Saidi, un étudiant qui vient à six heures du matin pour passer un examen et retourner au travail à huit heures n'a pas besoin d'être surveillé !

Et elle a quitté la classe...

J'ai obtenu mon graduat et j'étais hyper fier de moi. J'étais diplômé et papa. Tout pour être heureux... Mais toujours ce sentiment de vide, quelque chose n'allait pas. Une petite voix au fond de moi qui m'empêchait d'être heureux. Je n'arrivais pas à comprendre. Ça me rendait fou. J'avais cette impression de manque, encore et toujours, qui m'étouffait dès que je me retrouvais seul. Peut-être qu'un graduat, ce n'était pas assez, peut-être que c'est l'université qu'il me faut ? Très bien, on va écouter cette petite voix et reprendre le chemin de l'université.

Je me suis inscrit à l'Université catholique de Louvain alors que mon graduat, je l'avais obtenu à l'Université libre de Bruxelles. Des francs-maçons aux catholiques, il n'y avait qu'un pas que le musulman que j'étais franchissait allègrement.

Licence en sciences sociales, aujourd'hui, ça s'appelle un Master. J'essayais d'y aller tous les jours ; j'avais une amie qui notait pour moi les jours où je ne pouvais pas venir, et moi je faisais la même chose pour elle. Je continuais mon travail au commissariat et, entre deux P.V., je révisais mes cours de socio et de philo. Je découvrais Rousseau, Voltaire, Platon, Aristote tout en actant des plaintes pour bris de vitre ou vol avec effraction.

Je fréquentais deux mondes que tout séparait : le monde étudiant qui déteste les flics, et le monde policier qui détestait ces « gaucho d'étudiants de merde ». C'était « schizophrénique » mais, en même temps, vous me connaissez, la schizophrénie et moi, c'était une longue histoire d'amour. Je découvrais la vie d'étudiant, mais sans les soirées et les beuveries. D'abord, parce que je ne bois pas, mais surtout parce que je n'avais pas le temps. Fallait rentrer rapidement à la maison. Myriam avait repris le boulot après son congé de maternité et il fallait se partager les tâches. Je revenais du boulot, allais à l'université puis retournais vite chez ma mère, récupérais le petit et rentrais chez moi pour m'en occuper. Il m'est arrivé souvent d'étudier tout en langeant le petit ou de me brûler avec du lait chaud, car j'étais trop occupé à lire un cours pour me rendre compte que le lait avait passé trop de temps sur le feu. Je vivais plusieurs vies en une journée, mais j'y arrivais, peut-être parce que j'avais peur que cette voix revienne m'étouffer, que ce mal-être revienne et qu'à nouveau je perde le sommeil à me demander à quoi je servais et pourquoi j'étais là.

Les journées passaient et je m'attelais à essayer de concilier mes nombreuses activités : père, flic et étudiant. Au boulot, j'avais repris les patrouilles et, je ne sais pas pour quelle raison, cette année fut l'année où j'ai eu le plus de « morts ».

Chaque jour, je recevais un appel du dispatching pour aller sur les lieux d'un décès. C'était tellement stressant que mes collègues avaient trouvé un truc pour noyer le stress. Certains le noyaient dans l'alcool, mais moi je n'avais pas cette opportunité, et puis l'alcool n'était vraiment pas suffisant pour évacuer l'horreur que vous ressentiez lorsque vous vous retrouviez face à un cadavre oublié dans un appartement pendant plusieurs mois, en pleine canicule. Donc pas d'alcool pour oublier, alors j'essayais comme je pouvais.

Ça me rappelle deux épisodes, un dont j'ai un peu honte et que je ne raconte pas souvent.

Pendant cette période, donc, entre les études, la vie de famille et les patrouilles, j'ai dû gérer mon rapport à la mort d'une manière assez crue : je ramassais les cadavres « à la pelle » du haut de mes vingt-quatre ans. Un mort sur la voie publique ? C'était pour moi. Un suicidé qui était tombé sur le toit en verre d'un café huppé de Bruxelles ? Présent ! Une grue de dix mètres qui tombe sur un ouvrier et le coupe en deux ? J'y étais. Et tout ça en l'espace de deux mois. Je ne tenais plus, je lavais mes vêtements plusieurs fois en rentrant tellement je ne supportais plus l'odeur qui s'y imprégnait. Deux cas m'ont changé à tout jamais. Le premier a changé ma vision de la vie en société et de la solitude.

C'était donc l'été et il faisait une chaleur étouffante, ce qui est typique chez nous. Soit tu grelottes en juillet, soit tu étouffes, il n'y a pas de juste milieu. J'étais appelé pour une odeur suspecte dans un bâtiment. Arrivé sur place, la concierge nous attendait devant l'immeuble. Elle nous a emmenés devant la porte de l'appartement et là, j'ai reconnu l'odeur. Impossible de ne pas la reconnaître, cette odeur était tellement insupportable que je l'aurais reconnue au milieu de n'importe quel effluve.

— Il y a un mort à l'intérieur, madame, lui ai-je dit.

— Impossible, il n'y a personne dans cet appartement depuis des mois, ça doit être l'odeur des poubelles.

— Vous nous donnez l'autorisation de défoncer la porte, madame ?

— Oui, oui, allez-y.

Alors, n'allez pas imaginer que c'est comme dans les films. Si vous essayez avec votre épaule, vous allez juste vous la déboîter et vous humilier devant les personnes qui s'esclafferont de rire en vous voyant tomber dans les escaliers (je le sais, je l'ai vécu !). On a demandé un bélier et on a défoncé la porte. Dès que la porte est tombée, l'odeur s'est amplifiée, c'était horrible. En plus de l'odeur, il y avait le bruit des mouches, des centaines de mouches. J'entrais donc dans l'appartement et là, pas de cadavre. Par contre, des traces d'excréments partout. C'était horrible. Je regarde autour de moi, mon collègue qui venait de commencer sa carrière s'était mis à vomir sur le palier. J'ai remonté mon pull sur mon nez, je suis entré plus loin dans l'appartement et j'ai suivi les traces d'excréments qui m'ont emmené jusque dans la cuisine. Le cadavre était là, couché sur le sol, baignant dans des liquides de toutes sortes. La concierge qui m'avait suivi est partie en courant. J'étais seul face à lui. Son corps était complètement rongé, je n'avais jamais vu ça…

Le médecin légiste est arrivé sur place et nous a expliqué que la mort datait de plusieurs mois et que la victime était morte d'une crise de foie aiguë due à une trop grosse consommation d'alcool. Qu'il n'était peut-être pas mort directement, mais qu'il avait dû, comme il était seul, sans aide, mourir lentement sur le sol.

Cette phrase m'avait choqué plus que le cadavre en lui-même. Cette société qui était la mienne permettait ça. Elle permettait qu'on meure seul, qu'un cadavre puisse rester des mois dans cet état sans que personne autour ne se pose de questions. Au pire, c'était une odeur nauséabonde, comme nous l'avait dit la concierge.

C'est ça que nous devenons après la vie ? Une odeur nauséabonde, c'est tout ! Je fréquentais moins les mosquées depuis que j'avais commencé à travailler, mon horaire ne me le permettait pas. Je priais toujours assidûment, chez moi, cinq fois par jour. Même si je rentrais tard le soir, je regroupais mes prières (vous pensez bien qu'il n'était pas question que je me mette à prier dans le commissariat) et je les faisais avant de dormir. Je lisais toujours le Coran une fois par an et j'étais assidu dans mes pratiques.

Mais je m'étais éloigné un peu des questions philosophiques existentielles qui me taraudaient quand j'étais plus jeune. Le travail, la vie de famille, une vie à cent à l'heure m'en avait un peu éloigné.

Et là, ce médecin m'avait réveillé d'un coup : à quoi ça sert de vivre toute une vie si c'est pour mourir comme ça ? Y'a-t-il réellement une vie après ça ? Après la mort, après la vie. Allais-je aussi mourir comme ça, moi ?

C'est marrant, je ne m'étais jamais posé la question de ma propre mort, et même lorsque j'avais « ramassé mes premiers cadavres », je ne m'étais jamais posé la question. Mais là, je me la posais. J'allais aussi mourir un jour et je ne voulais pas mourir comme ça.

Je ne voulais pas mourir en n'ayant servi à rien. Bien sûr, vous me direz qu'être policier c'est servir à quelque chose ; mais ce n'était pas assez. Je voulais avoir une utilité, laisser une trace, n'importe quoi, mais surtout pas mourir comme ça.

On a mis nos gants et on a aidé les ambulanciers à mettre le corps qui se décomposait sous nos doigts dans un sac. Ils ont refermé le sac et sont partis avec.

Toute une vie dans un sac poubelle noir.

Jamais ! Jamais ! Jamais !

Le lendemain, je me suis fait porter pâle. Je ne pouvais pas aller au travail. À l'époque, il n'y avait aucun service psychologique pour s'occuper de nous. Si tu ne te sentais pas bien, tu te faisais porter pâle et tu revenais quelque jours plus tard travailler comme si de rien n'était. Je suis resté chez moi à m'occuper du petit. Je ne voulais pas parler, je n'ai pas raconté immédiatement cette histoire à ma femme ; je ne voulais juste pas en parler. Je voulais faire des choses futiles, banales, comme préparer le repas du petit, le langer, le regarder, lui sourire.

Le regarder : il me souriait. Et si lui devait finir comme ça ? Seul, sans rien, sans personne pour s'occuper de lui ? Jamais, pas lui, je ne le permettrai pas. Il fera des études, il deviendra quelqu'un, il sera aimé, il ne souffrira pas. Et pour commencer, je vais terminer mes études pour lui servir d'exemple. Pour être quelqu'un aussi, pour être son protecteur, pour le guider.

Toutes ces idées me trottaient dans la tête sans aucune logique, c'était une cacophonie dans mon crâne.

Je suis sorti avec lui dans sa poussette et je l'ai emmené au parc. Je me suis assis, je l'ai regardé jouer et je levais la tête au ciel.

« *Je sais que vous êtes là, je sais que vous m'entendez, on se connaît depuis longtemps vous et moi, ces derniers temps, je ne vous ai pas parlé souvent mais... Dieu... Vous ne me laisserez pas mourir comme ça, n'est-ce pas ? Et lui, vous ne le laisserez pas seul, un jour, je serai toujours là pour le protéger, n'est-ce pas ? Vous ne me laisserez pas, Dieu, vous me le promettez ?* »

Deux pigeons se sont posés devant la poussette et ont commencé à roucouler. Je sais, ça ne veut rien dire, mais moi, ça me suffisait... Et ça me suffit encore.

Il y a cadavre et cadavre

Le deuxième événement qui m'a transformé à tout jamais et dont j'ai eu honte s'est produit le même été. J'intervenais pour un décès, à nouveau, mais, cette fois, les gens s'en sont rendu compte après quelques semaines. Arrivé sur place, la concierge nous ouvre la porte et là, un cadavre assis sur un fauteuil avec des restes de seringues à côté de lui. C'était un toxicomane qui était mort après une overdose. De nouveau, à cause de la chaleur, le corps était en putréfaction et son visage était méconnaissable. Avec mon collègue, on avait mis en place un jeu. On se prenait en photo à côté des cadavres et on gardait les photos dans un album au commissariat ; c'était à celui qui avait la photo la plus morbide. Je sais, je sais, c'est honteux, c'est horrible et je vous ai dit que j'en avais honte. Mais sans vouloir excuser ce que nous faisions, c'était le seul moyen qu'on avait trouvé pour ne pas ramener tout ce stress, toute cette douleur à la maison. C'était « le suivi psychologique » qu'on ne nous offrait pas et qu'on essayait de remplacer par cette méthode. Vous pouvez comparer ça à un rire nerveux pour évacuer la peur.

Bref, vous l'aurez compris, je n'en suis pas fier du tout mais, souvenez-vous, j'avais demandé à Dieu un coup de main et il allait me le donner de la manière la plus directe qu'il soit.

Pour moi, tous ces cadavres n'étaient plus des êtres humains, c'était des missions qu'on recevait du dispatching. Je me prenais en photo, donc, à côté de « missions ». C'est plus facile quand on déshumanise l'autre, on peut en faire ce qu'on veut. Donc, la mission qu'on avait ce soir-là était presque finie lorsque je reçus un appel du dispatching. On venait de retrouver le père de cet homme, et il fallait aller le prévenir de la mort de son fils. Aucune assistante sociale n'étant disponible ce soir-là, la mission revenait donc... au petit Saidi.

Je ne me rendais pas trop compte de ce que ça voulait dire, je ne l'avais encore jamais fait et, du coup, pour moi, c'était une simple mission, la dernière avant de rentrer chez moi ce soir. J'arrive donc devant un petit appartement dans un grand immeuble, une espèce d'HLM, et je frappe à la porte. Après quelques minutes, un homme, soixante-dix ans au moins, m'ouvre la porte. Il était habillé en tenue traditionnelle marocaine et ressemblait à s'y méprendre à mon grand-père.

— Bonjour, c'est pour quoi ?

— C'est la police, monsieur, on peut vous parler deux minutes ?

— Oui.

— Pas sur le pas de la porte ; on peut entrer s'il vous plaît ?

— Oui, entrez.

C'est un truc qu'un collègue m'avait appris : pour les mauvaises nouvelles, tu ne restes pas sur le pas de la porte, tu entres et tu fermes derrière toi. J'entrai donc et, en refermant la porte, je remarque un tapis de prière au milieu du salon. L'homme suit mon regard.

— J'étais en train de prier quand vous avez frappé à la porte.

J'étais tétanisé. Alors, ce n'est pas ce que vous croyez, je n'étais pas tétanisé parce qu'il était musulman et que j'avais plus d'empathie pour lui à cause de ça, non, pas du tout ; mais sa ressemblance avec mon grand-père, et surtout le fait qu'il était en ligne directe avec Dieu, le même Dieu à qui j'avais demandé il n'y avait pas longtemps un coup de main et moi, je venais de me prendre en photo avec son fils, mort, c'était trop ! Je n'arrivais pas à détacher mes yeux du tapis de prière. Au point que l'homme en fut gêné et qu'il l'a pris pour un reproche. Il l'a vite retiré du sol et l'a rangé sous un coussin.

Mes jambes tremblaient et je ne savais plus par où commencer.

Je m'étais préparé un guide d'entretien sur la route.

« Monsieur, votre fils est mort, nous l'avons retrouvé dans son appartement, vous pouvez venir reconnaître le corps à la morgue, je vous présente mes condoléances. »

Mais là, je n'arrivais pas à parler.

— Vous voulez un verre de thé, monsieur ?

En plus, il en rajoutait avec sa gentillesse, je voulais partir en courant, je ne pouvais pas rester là. Mon collègue me poussait du bras pour que je parle. Il avait senti ma gêne.

— Heu... monsieur... on a une nouvelle... enfin... on doit...

Je n'y arrivais pas. Il me regardait droit dans les yeux, je ne savais plus.

— … Votre fils… monsieur… il est… mort !

Le mot est tombé comme un couperet. Le sourire sur le visage de l'homme a laissé place à une espèce de rictus d'incompréhension.

Il s'est approché de moi et m'a fait répéter. Je n'y arrivais pas, mon collègue a répété pour moi vu que le plus dur avait déjà été dit. L'homme est tombé sur ses genoux et s'est mis à pleurer et à hurler le prénom de son fils. Je ne savais pas quoi faire. Il paraît qu'on ne peut pas montrer d'empathie dans ces cas-là, on m'a toujours dit au commissariat qu'il fallait partir directement et ne pas commencer à entrer dans le sentimentalisme. Mais là, c'était pas la théorie, il pleurait, il hurlait. Je l'ai pris dans mes bras et j'ai pleuré avec lui. J'avais honte, je me sentais comme un déchet. Je voulais disparaître.

Mon collègue m'a pris par le bras, a noté l'adresse de la morgue, l'a déposée sur une table en la montrant à l'homme, et nous sommes sortis de l'appartement. Sur le retour, je n'ai pas dit un mot. J'étais clairement choqué, mais pas pour les raisons que mon collègue croyait. J'étais en train de devenir un monstre, je me prenais en photo devant des cadavres.

Qui étais-je devenu ? Je ne me reconnaissais pas, et là, Dieu venait de me donner la plus belle leçon de ma vie. J'ai dû assumer mes actes de la manière la plus cruelle qui soit. Je suis rentré chez moi et j'ai pris une douche. Je voulais me laver de tout, de tout ce que je venais de faire. Je n'étais plus le même. Je le sentais, je le savais. Il fallait que quelque chose change. Mais quoi…

J'ai obtenu mon Master en sciences sociales en deuxième session et la première chose que j'ai faite, c'est le montrer à mon père. Ça peut paraître idiot, à mon âge, d'attendre la réaction de mon père. Mais je sais qu'il m'en a voulu de ne pas avoir terminé mes études et qu'il aurait voulu qu'un de ses enfants aille à l'université. Je suis monté dans sa chambre et je lui ai montré.

Il m'a regardé, a regardé le diplôme, il avait les larmes aux yeux, et, avec sa pudeur légendaire, il m'a dit :

— Que Dieu te bénisse.

Je n'avais pas besoin qu'il me dise qu'il était fier de moi, je savais que cette invocation voulait dire la même chose. Il y a des choses, chez nous, qu'on ne dit pas, n'oubliez pas. Il a pris mon diplôme, l'a photocopié et l'a accroché sur la cheminée du salon.

On veut juste être aimé pour ce qu'on est…

Moi, j'étais enfin diplômé, mais rien n'avait réellement changé dans ma vie. Je ne me sentais pas plus intelligent ou plus beau. Je faisais le même boulot et la petite voix était revenue, celle qui me hantait, qui me faisait comprendre que je passais à côté de quelque chose, mais sans me dire quoi.

J'ai changé de service et j'ai demandé à être intégré au sein de la brigade judiciaire. Ma mutation a eu lieu assez rapidement et je me suis retrouvé dans un nouveau monde, où je travaillais sur de longues enquêtes, souvent seul, mais ça m'allait. J'étais en pleine réflexion, je sentais qu'un grand changement s'opérait en moi, et il me fallait être seul. J'avais besoin de me retrouver, j'avais besoin de retrouver le petit garçon que j'avais laissé dans cette école de Schaerbeek, plein de rêves et de candeur.

À la judiciaire, les affaires étaient différentes. Je recevais des dossiers et je devais boucler les enquêtes. Ça pouvait prendre des mois pour une simple affaire de vol, mais j'aimais ça. Ça me permettait de rencontrer les gens, de leur parler, un peu comme le travail en patrouille, mais avec la notion de rapidité en moins. Je prenais le temps de parler aux gens, de les écouter me raconter leur vie, leurs déboires. Comme j'avais plus de temps, je découvrais aussi les côtés positifs de leurs vies, qu'ils n'avaient pas le temps de vous raconter lorsque vous étiez en patrouille. Des parents me montraient les diplômes de leurs enfants, des photos de mariage, des photos de leur chien, parfois. Bref, je rencontrais les gens et ça, ça me plaisait.

C'est aussi à la judiciaire que j'ai rencontré « mon premier homosexuel ». En fait, il y avait un agresseur qui s'en prenait exclusivement aux homosexuels. Il y avait une boîte en ville où venaient danser des personnes homosexuelles et cet agresseur entrait dans la boîte, faisait semblant de draguer puis, lorsqu'il arrivait à attirer sa victime dans un coin, l'agressait, et souvent très violemment.

Mon chef a décidé de m'envoyer en infiltration avec un autre collègue dans cette discothèque, en nous faisant passer pour… un couple gay.

Je n'avais jamais rencontré de personne ouvertement homosexuelle avant cette soirée-là. Bien sûr, je savais qu'il y avait dans le quartier des mecs qui étaient gays, mais comme ils avaient été mis au ban de la communauté, on ne les revoyait plus et, du coup, ben je n'en connaissais pas. Je n'avais qu'une « idée » de ce que pouvait être l'homosexualité.

Des représentations… mais pas la réalité.

D'ailleurs, j'ouvre rapidement une parenthèse sur cette notion de représentation. J'ai découvert ce que c'était à l'université au cours de philo. J'étais là, affalé, à deux doigts de m'endormir lorsque j'entendis le prof parler d'un certain Platon et de son « allégorie de la caverne ». Je me suis immédiatement dit : c'est quoi cette histoire de caverne ? Il nous a raconté cette histoire d'hommes enfermés dans une caverne depuis la naissance et qui ne voyaient du monde extérieur que les ombres projetées par des flammes derrière eux.

Au début, je me suis dit que le Platon, il avait sérieusement abusé de la moquette pour sortir une théorie pareille puis, en allant chez mes parents, en retournant dans le quartier, je me suis rendu compte à quel point c'était vrai. À quel point nous étions enfermés dans cette grotte et que nous ne connaissions de l'autre que les reflets, que les ombres, que les représentations que nous nous en faisions. Et c'était évidemment valable pour l'autre aussi, qui ne savait rien de nous, rien d'autre que ce que les médias projetaient comme ombre dans leur caverne.

Il fallait sortir de cette caverne et voir réellement qui étaient les autres. Avec mon travail de policier, j'ai pu le faire à plusieurs reprises, mais ce n'était pas suffisant, car ce que Platon n'avait pas dit, c'était que dès qu'on baissait la garde, on retournait dans cette grotte. Je ne voulais plus y retourner.

Depuis ce cours de philo, j'avais dévoré Platon et Aristote à la même vitesse que mes ancêtres les avaient dévorés et traduits quand ils les avaient découverts en Perse. J'avais dévoré aussi d'autres auteurs, contemporains, qui pouvaient m'aider à sortir de cette grotte.

Mais j'y reviendrai plus tard ; parlons plutôt de cette fameuse infiltration en milieu gay.

J'entrai dans la discothèque avec mon collègue. Je m'attendais à trouver des grandes folles nichées sur talons aiguilles et qui se trémoussaient presque nues. Je n'y ai trouvé que des gens « normaux ». Assis à boire un verre, discutant, dansant, s'embrassant comme tout le monde, en fait. Je m'attendais à ce que ça me dégoûte, mais pas du tout. Je n'étais pas attiré par les hommes, pas du tout même, mais ça ne me dégoûtait pas de les voir ensemble. Je me suis d'ailleurs fait draguer plusieurs fois dans cette discothèque. C'était bizarre de se faire draguer comme ça par un inconnu qui vous offre un verre. Alors de nouveau, le fait de ne pas boire d'alcool était vécu assez bizarrement. Mon collègue avait pris un verre pour pas qu'on se fasse griller, mais moi j'étais à l'eau, ce qui étonnait les personnes qui me draguaient. J'ai discuté longuement avec le barman, qui était gay aussi. Il était sympa et on a parlé de tout, de ciné, de livres, de la vie, de ses études qu'il payait en travaillant dans cette boîte. Je lui racontais une fausse vie que je venais de m'inventer (ben oui, j'étais en infiltration, le but du jeu c'était pas de lui dire : « Hey, je suis flic, hétéro et je suis là pour arrêter un agresseur qui pourrait être vous, en fait »).

J'ai dû entrer dans cette boîte pour sortir à nouveau de la grotte. Cette grotte où je pensais que les êtres humains qui aimaient des personnes du même sexe étaient des dépravés, des malades mentaux qu'il faut soigner. Là, je voyais leur « terrible banalité », leur « terrible normalité », je voyais à quel point ils me ressemblaient tout en étant différents. Je voyais beaucoup de gays de la même origine que moi dans cette discothèque. Je me disais que si ça se trouvait, ils avaient peut-être été jetés hors du quartier comme les mecs que j'avais connus à l'époque. Qu'ici, pour une fois, ils ne seront pas jugés, qu'ils seront acceptés pour ce qu'ils étaient. Qu'ils seront aimés.

Parce qu'au final, il était là le point commun que j'avais avec toutes ces femmes et tous ces hommes dans cette discothèque : on voulait juste être aimés pour ce qu'on était…

On ne l'a jamais arrêté, l'agresseur, et pour une raison que j'ignore il n'est plus revenu agresser dans cette boîte de nuit.

Peut-être qu'il a trouvé d'autres victimes ou peut-être que quelqu'un l'a arrêté, ou même que quelqu'un a fini par l'aimer, lui aussi.

Mais même si je rentrais bredouille au commissariat, je revenais avec cette impression d'avoir découvert un autre monde. Ce sentiment d'être sorti de la caverne, et surtout l'envie de ne plus y retourner. J'avais envie de continuer de sortir de ma grotte et d'explorer le monde. Car il avait l'air d'être vaste et beau, et je ne voulais plus perdre la moindre minute dans l'ignorance totale des autres.

Je voulais rencontrer les autres, encore et encore, je ne me satisfaisais plus des ombres… J'avais besoin de la lumière…

L'envie d'écrire

L'envie d'écrire m'a pris soudain, dans le bus 71 qui me ramenait chez moi. Oh, j'ai toujours écrit un peu. Des poèmes quand j'étais petit, des petits résumés de films que je transformais pour faire rire les copains en classe. À l'école secondaire, j'écrivais les rédactions de tous mes potes en échange de services. Il m'arrivait parfois d'écrire plusieurs rédactions différentes en une heure sur le même sujet avec des styles différents pour que le prof ne remarque pas la supercherie.

D'ailleurs, ça me rappelle que j'ai fait la même chose pour une fille en sixième secondaire. On avait une dissertation sur je ne sais plus quel sujet, et elle ne s'en sortait pas. J'ai donc pris la première heure pour écrire la dissertation de cette fille ; je l'ai déposée devant elle puis, pendant la deuxième heure, j'ai écrit la mienne. J'avoue que j'étais fatigué ce jour-là et, du coup, j'ai baissé la garde et j'ai écrit des paragraphes qui se ressemblaient sur les deux dissertations. Elles étaient différentes, mais on pouvait ressentir, si on avait l'habitude de lire ce genre de dissertations, qu'elles provenaient toutes les deux du même auteur. Quelques jours plus tard, lorsque la prof nous a remis les copies, elles m'a convoqué et m'a demandé d'avouer ma supercherie. J'ai bien entendu juré mes grands dieux que je ne savais pas de quoi elle parlait, et là elle m'a montré les deux dissertations. Sur la mienne, elle avait mis « 0/20 » en écrivant en grand à côté « a copié », et la fille à qui j'avais écrit la dissertation s'en sortait avec « 18/20 ». La prof, qui était une remplaçante et qui, donc, ne savait pas que j'étais capable d'écrire, m'a sermonné pendant un quart d'heure sur le fait que je ne ferai rien de ma vie si je continuais à tricher, que je devais prendre mon destin en main et que c'était la prendre pour une idiote que de penser qu'elle aurait pu croire que cette dissertation était de moi.

Quelle ne fut pas sa surprise lorsque la fille, prise de remords, est entrée en classe pour avouer que c'était elle qui avait triché, que j'avais écrit les deux dissertations. Je me souviens de la tête de la prof, elle était sous le choc. Surtout qu'elle venait de me faire tout son laïus et que j'affichais fièrement mon sourire coquin qui voulait dire : « Bon, c'est quand que tu te mets à genoux et que tu me supplies de te pardonner, madame ? »

Donc l'écriture, ça me connaissait. Comme je vous l'ai déjà dit, au commissariat, c'est moi qui écrivais les rapports, donc écrire, c'était une seconde nature.

Mais dans ce bus 71, la petite voix était revenue, elle me dérangeait à nouveau. Elle m'étouffait de l'intérieur et je voulais m'en débarrasser. Je n'en pouvais plus. J'étais marié, j'avais un enfant et le deuxième était sur le point d'arriver, nous avions acheté notre appartement, nous avions tous les deux un travail et une très belle qualité de vie, j'étais deux fois diplômé dont une fois à l'université, nous partions tous les ans en vacances, bref, tout pour être heureux.

Mes parents étaient fiers de ma réussite, ils me citaient en exemple auprès d'autres membres de ma famille. Mes amis avaient suivi un parcours similaire : travail, mariage, enfants, maison. C'était plus que ce que la majorité de mes amis auraient pu espérer. Je savais que je devais être content et fier de ce que j'avais, que beaucoup n'avaient pas eu le quart du tiers. Que beaucoup de mes amis étaient passés par la case prison, certains étaient morts, d'autres n'arrivaient même pas à joindre les deux bouts, mais moi, moi, j'avais tout, tout ce dont ils auraient rêvé, et là, j'étais pas bien ? De quoi je me plaignais ! Je trouvais que c'était indécent de ma part de ne pas reconnaître les bienfaits dont Dieu m'avait comblé.

Alors, cette fois, c'était la fois de trop, je voulais en finir avec cette voix qui me gâchait la vie. Il fallait qu'elle parte, qu'elle me laisse vivre tranquillement. Je ne voulais rien de spécial, juste ma vie. Elle était banale ma vie, mais je l'aimais. En tant que fils d'immigré, tu passes ta vie à chercher la banalité, car tes parents t'ont appris à raser les murs, à ne pas te faire remarquer, à faire comme les autres ; du moins en apparence. Et là, j'avais tout fait comme il fallait. Il fallait que cette voix me laisse tranquille.

Arrivé chez moi, je me suis jeté devant mon ordinateur et... Je ne sais pas comment vous expliquer, d'ailleurs je ne crois pas qu'il y ait la moindre explication possible, mais mes doigts ont commencé à filer sur le clavier. J'étais en transe, je ne voyais rien, même pas mes doigts, je n'entendais rien. Je n'ai pas entendu ma femme entrer, je ne l'ai pas entendue ressortir, je n'ai pas entendu le petit rentrer de l'école, je n'ai pas vu le soleil se coucher, je n'ai même pas entendu le petit venir me dire bonne nuit...

Quand j'ai relevé la tête, il était près de minuit. J'avais écrit près d'une cinquantaine de pages. C'était une histoire. Une histoire d'amour entre deux personnages, je ne sais pas d'où elle m'est venue, mais elle était là, devant moi, je l'avais écrite, j'avais écrit une histoire et je ne savais ni comment, ni pourquoi, ni ce que j'allais en faire mais elle était là, devant moi. J'ai éteint l'ordinateur, j'ai refermé la porte du bureau puis je me suis affalé sur le lit, éreinté par cet exercice, et je me suis endormi comme un bébé.

Et le plus beau dans tout ça, c'était que la petite voix avait disparu...

Scénariste, c'est cela que disait la « petite voix »

« Moteur ! »
« Ça tourne ! »
« Silence ! Tout le monde en place ! »
« Cadré ! »
« … et… Action ! »

Ça y est. Je tournais mon premier film. Du haut de mes vingt-huit ans, j'étais là en train de réaliser un rêve. Cela faisait déjà deux ans que j'écrivais des scénarii pour moi et pour d'autres réalisateurs. J'avais appris sur Internet les méthodes d'écriture scénaristique, et j'avais trouvé ma voie. L'écriture narrative : le scénario ! De fil en aiguille, j'ai eu envie d'essayer de raconter moi-même en images mes histoires, et j'ai donc décidé de réaliser mon premier court-métrage. Sans avoir jamais été dans une école de cinéma, sans jamais avoir vu même à quoi ressemblait un tournage ou un plateau. Je savais que c'était ce que je voulais faire, et j'allais le faire !

J'avais donc écrit cinq courts-métrages, pour les réaliser, et je réalisais le premier. J'étais assis au milieu de mon équipe et j'essayais de comprendre les codes qu'ils utilisaient : cadre, plan serré, plan à deux, plan large, travelling, clap, synchro, post-synchro… J'étais de nouveau comme ce gosse qui découvrait Disneyworld.

Et ça marchait ! Je ne sais pas comment vous l'expliquer, cher lecteur, mais j'avais l'impression que j'avais fait ça toute ma vie. Tout était clair pour moi. Je ne savais pas encore nommer les plans, mais je savais comment les filmer. Je donnais des explications à mon équipe, non pas en nommant un plan, mais en donnant des exemples de films pour qu'ils comprennent.

Mon premier court-métrage a été tourné en janvier, et là où il fallait des années pour réaliser un court-métrage pour certains, moi, j'en avais réalisé quatre en six mois. En juin, j'avais non seulement quatre courts-métrages à mon actif, mais surtout, j'avais acquis une expérience énorme vu que je les produisais aussi. Je découvrais tout l'univers du cinéma, mais avec un parcours parallèle, un raccourci que j'avais trouvé, caché, tapis dans un coin et que j'avais décidé d'emprunter.

Alors, bien entendu, j'ai fait des tas d'erreurs et si je devais refaire mon parcours, il y a des choses que je ne referais pas de la même manière. Mais j'avais besoin de cette plongée « brutale » dans l'univers du cinéma pour apprendre aussi vite.

Mes courts-métrages, qui, comme toutes mes œuvres, parlaient d'identité, avec humour, maladresse et tendresse, ont rapidement trouvé un écho auprès de festivals et, plus rare, auprès de télévisions qui me les ont achetés.

Je n'en revenais pas ! Quand tout le monde me disait que c'était un métier difficile, de saltimbanque et qu'il était quasi impossible d'en vivre, moi, j'étais en train, tout doucement, de m'y frayer un passage et qui sait, Inch Allah, de pouvoir peut-être en vivre un jour…

C'est joli ce que tu fais

« Tant que t'as rien réalisé en pellicule, tu ne seras jamais un réalisateur. »

C'est un réalisateur (qui n'avait encore rien réalisé mais, dans le milieu très « sélect » du cinéma belge, quand tu sors d'une école de cinéma, tu prends le titre de « réalisateur », même si tu n'as rien fait) qui m'a dit ça un jour. Je sentais que j'allais avoir du mal à me faire accepter par la profession. Vous imaginez, pas d'études de cinéma à mon actif, flic en journée et ne faisant partie d'aucun réseau. J'étais snobé au plus haut point. J'entendais des réflexions du genre : « C'est joli ce qu'il fait », « joli » étant, dans ce milieu, l'insulte suprême.

Comme je finançais moi-même mes films (merci Myriam de m'avoir permis d'y engloutir nos économies) avec des petites aides à gauche et à droite, je n'avais pas les moyens de tourner « en pellicule ». Ah oui, vous ne le savez peut-être pas, mais la révolution numérique qui frappait à l'époque le monde du cinéma avait fracturé l'univers en deux : les pro-vidéo (dont moi), qui avaient compris que grâce à la vidéo, on ne devait plus être un gosse de riche pour faire du cinéma et qu'on pouvait tourner avec des caméras qui ne coûtaient pas grand-chose, et les autres qui nous voyaient, nous les jeunes « gremlins », débarquer dans leur cercle très fermé.

Ça coûtait excessivement cher d'acheter de la pellicule, mais pas que ça. Tout le processus qui suivait en devenait très onéreux. Par exemple : pendant le tournage, on n'avait pas le droit à l'erreur, vu qu'on n'avait qu'une quantité limitée de pellicule, alors qu'avec une cassette (ou un disque dur aujourd'hui) on pouvait se permettre de tourner plus longtemps. Après le tournage, il fallait reporter la pellicule sur numérique pour « monter » les images sur ordinateur et, au final, il fallait reporter le film sur une bobine pour l'envoyer dans les cinémas.

Bref, vous l'aurez compris : ça ne rigolait pas. Mais maintenant que vous me connaissez un peu, vous pensez bien que ce genre de remarque m'excitait plus qu'elle ne me désespérait. J'ai donc pris la décision de tourner un cinquième et dernier court-métrage, mais cette fois comme les grands : en pellicule, et sans le savoir, Dieu, ce Dieu auquel je croyais, caché dans une bobine, était à nouveau en train de changer ma vie...

Casablanca est une ville très spéciale. Gigantesque, tentaculaire, elle est au Maroc ce qu'une ville comme New York est aux États-Unis : une ville où tout est possible, une ville où les rêves de certains s'échouent sur le mur de la détermination des autres. Casablanca : je la découvrais pour la première fois. Comme je vous l'ai dit, cher lecteur, je ne connaissais que Tanger, cette ville spéciale où le temps s'arrêtait, et je ne la connaissais qu'un mois par an, le temps des vacances. Je n'avais aucune idée de ce qui se passait ailleurs au Maroc. D'ailleurs, pour moi, le Maroc se résumait à Tanger. Et là, j'étais au milieu de cette immense ville. Moi, le fils d'immigré dont le père avait quitté le Maroc par manque d'opportunités, j'étais en train d'y trouver les miennes.

J'avais fini mon court-métrage, que j'avais appelé *Loin des yeux*. Ce court-métrage racontait l'histoire d'un immigré clandestin (encore une histoire d'identité) qui avait quitté le Maroc, non pas pour des raisons économiques, mais pour retrouver l'amour de sa vie partie quelques années plus tôt. Sur place, il se rendait compte que la vie qu'elle lui avait raconté vivre sur place n'était pas du tout celle qu'elle vivait. Il avait découvert qu'elle se prostituait. J'ai toujours écrit des comédies mais, pour ce film, tourné en pellicule, je voulais un drame. Surtout parce que mes « aînés » dans le domaine considéraient la comédie comme un art mineur et que seul le drame avait droit de cité en Belgique francophone. Du coup, j'ai réalisé un drame. Et quel drame ! Ce film a accumulé les sélections en festivals, au point d'être programmé à la prestigieuse Mostra de Venise dans la section Panorama. C'est ce qui m'a valu d'être contacté par la chaîne marocaine 2M afin de m'acheter ce court-métrage pour le diffuser rapidement. J'ai donc pris un vol vers Casablanca où se situait le siège de 2M.

Me voilà devant le bâtiment de la chaîne, un peu paumé, c'était la première fois que j'entrais dans les bâtiments d'une chaîne de télévision, moi, l'enfant de la télé ! Et en plus, au Maroc ! J'arrive chez le directeur de l'unité fiction, un homme à qui je dois énormément d'ailleurs, et qui a été celui qui a réellement lancé ma carrière, et je lui dépose la cassette du film. Il me promet de me donner des nouvelles bientôt, et hop, en moins de temps qu'il ne m'en faut pour le dire, je me retrouve à l'extérieur.

Tout ça pour ça ! Un voyage pour cinq minutes. J'étais déçu, très déçu. Je ne savais pas ce que j'attendais de ce rendez-vous et d'ailleurs, j'avais réussi à proposer mon film, que la chaîne allait m'acheter quelques semaines plus tard, mais, malgré cela, j'étais déçu. J'entendais la petite voix revenir, celle qui avait disparu depuis que j'avais commencé à écrire. Elle était de nouveau en train de me démanger, et j'essayais de tout faire pour qu'elle s'en aille. J'ai décidé de rejoindre mon oncle qui habitait à Rabat, à une heure de train de Casablanca.

Une fois dans le train, je ne trouve pas de place pour m'asseoir et je reste donc debout près de la vitre à regarder les paysages défiler lorsque qu'une main me tape sur l'épaule. Je me retourne et c'est le directeur de la fiction[1] que je venais de rencontrer, chez 2M. Il me demande ce que je fais là, et je lui explique que je vais chez mon oncle à Rabat. Il s'y rendait aussi, à Rabat, pas chez mon oncle, et nous avons commencé à parler de tout et de rien, lorsque soudain :

— Dis, tu crois que tu pourrais écrire une histoire drôle, un scénario pour la télé ?

Je n'avais aucune idée de ce qu'il me demandait.

— Oui, bien sûr !

— Et t'aurais pas une idée de scénario, là, dans tes tiroirs ?

Non, je n'en avais aucune, mais poser cette question à un mec qui a l'habitude de parler tout seul dans la rue, c'est comme demander à un poisson s'il peut se débrouiller dans l'eau.

— Oui, j'en ai !

— Vas-y, raconte-m'en une !

Eh oui, vous vous dites, il s'est piégé tout seul le gars, il est foutu. Et c'est ce que je me suis dit aussi, mais en regardant une jeune fille derrière lui, une idée me vint.

1. Najib Refaif, directeur de l'unité fiction chez 2M.

— Heu… ouais… C'est l'histoire d'une jeune Marocaine qui vit de petits trafics tellement elle est pauvre, c'est une orpheline, mais, au début du film, elle apprend que son vrai père est belge, qu'il vient de mourir et qu'elle a hérité de plusieurs millions d'euros !

J'étais pas très fier de ce pitch que je venais de pondre et j'étais en train de me dire que j'aurais dû la fermer et ne pas m'embarquer dans ce genre de mésaventure.

— C'est génial, comme histoire, tu peux l'écrire pour quand ? J'en revenais pas.

— Heu… Trois mois ?

— Vendu, voici mon mail, envoie-moi le scénario et on en parle.

Lorsque je suis descendu du train, je ne comprenais pas du tout ce qui venait de se passer. Le peu de réalisateurs et de comédiens que j'avais rencontrés au Maroc m'avaient tous dit que cela relevait de l'impossible d'entrer dans la « famille » de la télé, et encore plus de 2M, et je venais de vendre mon premier pitch, debout dans un train vers Rabat.

Ce pitch devint scénario, et le scénario, à la demande du même directeur, devint un téléfilm réalisé par votre serviteur.

Rhimou, c'est comme ça que je l'ai appelé, du nom de ma grand-mère, devint un des téléfilms les plus vus par le public marocain, au Maroc et à l'étranger, car la diaspora marocaine était friande de ce genre de comédie familiale. En première diffusion, nous avions fait exploser les chiffres d'audience. Mais ce n'était pas fini : Dieu, encore lui, avait un autre projet pour moi, un projet qui allait faire de moi un réalisateur à part entière.

La première de *Rhimou* eut lieu dans un hôtel de luxe de Casablanca. Tout le gratin de l'audiovisuel marocain était là, et la ministre belge de la Culture s'était déplacée spécialement pour cet événement qui avait permis à des équipes belges et marocaines de travailler ensemble sur un film. J'étais assis à côté de ma femme et, juste à côté d'elle, un petit homme en cravate était assis discrètement et tapotait sur son GSM. Pour je ne sais quelle raison, ma femme m'a demandé de changer de place avec elle. A-t-elle été inspirée ? On ne le saura jamais, je lui ai demandé à plusieurs reprises pourquoi elle avait changé de place, mais elle ne le savait pas elle-même. Les femmes ont cette faculté de pouvoir plier le destin de leur main, là où les hommes ne remarquent rien…

Je change de place et la projection commence. Je suis stressé et effrayé, comme à chaque fois que je présente un film, j'ai peur que le public ne l'aime pas… En fait, je crois plutôt que j'ai peur que le public, à travers mon film, ne m'aime pas, moi…

Et là, la magie opère, le public rit à gorge déployée, les rires s'enchaînent à une vitesse folle. Le petit homme à côté n'arrête pas de rire. Il s'approche de moi et me dit :

— C'est vraiment drôle et super bien écrit, le gars qui a fait ça est un génie !

— Merci, monsieur, ça me touche vraiment !

Il me regarde, étonné.

— C'est vous ?!

— Oui, monsieur, je l'ai écrit et réalisé.

Il enfouit sa main dans sa poche et en sort une carte qu'il me tend.

— Appelez-moi demain, à la première heure.

Il ne m'a plus rien dit. À la fin du film, il s'est levé et est parti. C'est là que j'ai jeté un œil sur la carte de visite. Je l'ai relue plusieurs fois pour être sûr de ne pas rêver. C'était la carte de visite du directeur général de la chaîne. Toute la soirée, j'étais assis à côté du Big Boss de la chaîne et le mec riait à gorge déployée aux blagues que j'avais écrites, un soir, dans ma chambre à Bruxelles. Je regarde ma femme, elle souriait. Elle venait d'être ce fameux coup de pouce du destin dont tout homme a besoin ou, pour un croyant comme moi, elle venait d'être l'instrument de la volonté divine…

Dans le grand bureau du directeur, j'étais face à un contrat « blanc ». Il venait de m'annoncer qu'il voulait que j'écrive et que je réalise ma propre série, dans le même ton que *Rhimou*. Il m'a demandé si je m'en sentais capable et, bien entendu, j'ai répondu instinctivement « oui », sans avoir la moindre idée de ce que j'allais écrire. Je suis donc retourné à Bruxelles et j'ai commencé à écrire. Ce fut la plus grosse aventure de ma vie, 1 800 pages de scénario, un tournage qui a duré des mois, une aventure humaine géante avec, bien entendu, son lot de déceptions. Beaucoup de choses ont fonctionné sur ce tournage, mais beaucoup d'autres ont capoté. Je découvrais l'envers du décor : tourner un court-métrage où il n'y a aucun enjeu financier, c'est un réel plaisir, mais tourner une série avec des impératifs de régie publicitaire, des égos de comédiens, des grèves de techniciens, des problèmes de production, c'était tout autre chose. Le bateau a d'ailleurs bien failli couler à cause, entre autres, des difficultés que vivait la productrice à gérer une entreprise aussi grosse.

Moi, j'ai fait la seule chose que je savais faire : je m'enfermais, seul, et j'écrivais, page après page, la série prenait vie, de nouveaux personnages existaient et prenaient place dans cet univers qui gravitait autour de moi. Sur le plateau, il m'arrivait de m'éloigner de mon écran pour inventer de nouvelles séquences *on the fly*. C'est là que je me remettais à parler seul et que ma productrice empêchait les techniciens de me déranger pour que je puisse continuer à « écrire ». Quel chemin parcouru entre le moment où mon frère venait se plaindre à mon père en pleurant et cette productrice qui empêchait quiconque de me déranger pendant que je parlais, encore, tout seul.

J'ai fini cette série sur les genoux, déprimé, fatigué, dégoûté de tous les problèmes qui ont pu se produire sur un si long projet. À Bruxelles, je n'aspirais qu'à reprendre ma vie, celle que je m'étais choisie avant. J'avais pris une pause dans mon boulot de policier et je venais d'être papa pour la troisième fois. Beaucoup trop de changements en une fois, et j'avais besoin de me retrouver, car je m'étais perdu en route. Pendant des mois, je n'ai plus mis un pied dehors, hormis pour emmener et aller chercher mes enfants à l'école. Je ne voulais plus entendre parler de cinéma, de scénario, de tournage. J'aspirais juste au calme. Je pensais d'ailleurs reprendre mon travail de policier dans quelques mois et arrêter toute forme d'activité artistique, car j'étais à bout de forces. Depuis mon entrée dans la police, je n'avais pas arrêté : études, travail de nuit, éducation des enfants, écriture, tournage, et là, mon corps ne tenait plus.

C'est dans cet état que j'ai reçu un appel d'un des comédiens[1] de la série. Il avait appris que j'étais dans un sale état et m'avait appelé pour me tenir au courant des retombées des premières diffusions. Je ne voulais plus rien savoir de cette série et je n'ai plus appelé la chaîne, et j'avoue que je m'en foutais de savoir si ça marchait ou pas ; pour moi, le fait qu'elle m'ait mis dans un état pareil était une forme d'échec.

— Comment ça va, Ismaël ?

1. Jamal Laababsi.

— Bof, ça pourrait aller mieux !

— Dis, tu entends ces hurlements ?

En effet, j'entendais des hurlements autour de lui. Il m'appelait du Maroc.

— Ouais, c'est quoi, une agression ?

— Non, écoute bien !

Je me concentrais pour écouter et j'arrivais à entendre un nom. « Abdelhamid », c'était le nom que j'avais donné au personnage que cet acteur incarnait dans la série.

— Ils crient ton nom ???

— Oui !

— T'es où ?

— À Marrakech. Et j'étais à Agadir hier, c'est la même chose. Et à Tanger la semaine dernière aussi, et à Casablanca, c'est pire !

— Mais enfin, je ne comprends pas…

— Ismaël ! C'est un succès ! On a réussi ! Tu as réussi ! Des millions de gens regardent la série tous les soirs et ça va en augmentant ! C'est du jamais vu ! Je me fais arrêter partout pour des autographes et des photos ! Tu as fait de moi une star !

J'étais perdu. Je croyais que c'était un échec, que j'avais tout raté. Que j'allais reprendre ma vie d'avant, et que tout ça n'était qu'un rêve, une parenthèse dans une vie. Mais là, c'était concret. Des gens qui hurlent de joie. Ça marchait ! Ça marchait ! J'avais donc réellement trouvé ma voie. J'étais capable de créer, et de créer des choses qui plaisent. Le public aimait mes personnages, c'est donc qu'il m'aimait, moi, à travers eux…

J'ai appris plus tard que les trente épisodes de la série avaient battu tous les records d'audimat, qu'elle était en train de devenir culte. J'ai même entendu lors d'un voyage au Maroc des douaniers répéter des répliques qu'ils avaient entendues la veille. Des répliques devenues cultes. Des répliques que j'avais écrites, moi, sur mon ordinateur, dans ma petite chambre à Bruxelles. Quelque chose s'était passé. Quelque chose était en train de changer… de me changer…

…

J'ai repris l'écriture de plus belle. Du court-métrage à la télévision, de la télévision au cinéma. J'en avais raconté, des histoires, et j'avais voyagé avec ces histoires à travers le monde. Du Québec à la Thaïlande, du Maroc aux États-Unis. Toutes ces histoires m'ont permis de rencontrer d'innombrables personnes et de découvrir encore plus à quel point le monde était vaste, à quel point il était beau lorsque l'on sort de sa caverne. J'ai présenté mes films, parlé au public, répondu aux questions, partagé des idées, confronté les miennes à celles des autres. Je me transformais toujours un peu plus au contact des autres. Je découvrais la nuance, je me rendais compte que le monde n'était pas blanc ou noir, mais composé de plusieurs nuances de gris. Et tout en voyageant, tout en participant à toutes ces rencontres, je continuais à chercher dans ma religion les réponses à mes questions. Je visitais les mosquées de chaque pays où j'étais invité, j'essayais de voir comment les communautés musulmanes locales vivaient, pratiquaient, et je revenais à Bruxelles à chaque fois avec une idée nouvelle de ce que pouvait être l'islam, mais, surtout, avec l'impression que quelque chose n'allait pas chez nous. Que ce que l'islam en Belgique était en train de devenir était tout sauf la religion que j'avais découverte plus jeune en lisant le Coran, ou encore que je découvrais pendant tous ces voyages. J'ai aussi compris à quel point mon identité belge était importante, car c'était pendant mes voyages qu'elle se remarquait le plus. C'est marrant, il faut être très loin de chez soi pour se sentir enfin un fils du pays.

La petite voix était revenue : oh, moins pressante qu'avant, mais elle était là pour me rappeler qu'il me manquait encore quelque chose. Mais, cette fois, j'avais réussi à comprendre ce qu'elle voulait me dire. Le cinéma, c'était très bien, mais ce que je devais faire c'était... du théâtre. Je devais retourner sur les planches, comme vingt-deux ans auparavant. J'ai donc écrit un spectacle et je l'ai proposé à plusieurs théâtres. Ils m'ont tous refusé, ne comprenant pas qu'un réalisateur de cinéma, ancien flic, puisse avoir l'arrogance de croire qu'il pourrait faire du théâtre. Ah oui, j'avais pris une grande décision : j'avais quitté la police. Myriam m'a fait confiance lorsque je lui ai dit que j'étais sûr de pouvoir vivre de mon art, et j'ai quitté mon premier emploi après seize ans de bons et loyaux services.

J'ai contacté un dernier théâtre en demandant un coup de main à la mairie afin qu'elle appuie ma demande de rendez-vous. Vous avez bien compris : pas qu'elle appuie ma demande de soutien, uniquement ma demande de rendez-vous. Car la plupart des directeurs refusaient même de me rencontrer. J'avais l'impression de demander une audience au roi. J'ai donc rencontré ce directeur de théâtre, lui ai soumis mon texte. Il l'a lu, m'a rappelé et m'a dit qu'on pouvait essayer de monter ce spectacle, en demandant des soutiens aux différentes commissions, et qu'on pouvait espérer créer cette pièce dans… quatre ans !

J'ai sauté de ma chaise et je lui ai expliqué que je voulais la créer dans… trois mois ! Il m'a regardé comme si j'avais la gale, mais je ne lui pas laissé le temps de parler.

— Monsieur, je ne vous demande pas d'argent, je veux juste un espace, votre théâtre pour quatre soirs.

— Comment ça, vous ne voulez pas d'argent ? Vous allez le créer avec quoi ?

— N'ayez pas peur, ce n'est pas de l'argent de la mafia ou de la drogue, ce sont mes économies.

— Vous allez investir vos économies dans une pièce qui ne va rien vous rapporter ???

— Oui !

Il m'a regardé longuement.

— Monsieur, cela fait vingt ans que je suis directeur de ce théâtre, jamais un auteur ne m'a dit qu'il ne voulait pas d'argent. Très bien, je vous donne le théâtre pour vos quatre soirs.

— Vous nous mettrez dans votre programme ? Dans votre programmation ?

— Oui !

J'avais obtenu ce que je voulais. J'allais créer mon propre spectacle, dans un vrai théâtre et pas en cachette ou lors d'une semaine spéciale diversité comme cela se faisait souvent, mais au sein de la programmation du théâtre.

J'étais reconnu comme auteur ! Après tant d'années, je poussais la porte de l'endroit le plus sacré pour moi après la Mecque : la scène !

…

— Les gars, ça va ?

— Purée, je suis paniqué grave, et toi ?

— Je tremble de partout. J'ai peur. Tu crois qu'ils vont rire ? Tu crois qu'ils vont comprendre ?

— J'en sais rien, mais comme c'est toi qui l'a écrit, t'es dans la merde mon gars s'ils aiment pas.

Nous étions le 26 décembre 2014 et nous étions quatre à trembler dans les coulisses. Cela faisait des années que j'étais devenu « auteur », ou du moins que j'avais accepté ce que j'avais toujours été : un artiste. Je revenais de loin ; en quelques années, j'avais écrit et réalisé cinq courts-métrages, deux téléfilms, une série de trente épisodes, et deux longs-métrages pour le cinéma, dont le premier était un succès critique et le deuxième un succès en salle. J'avais aussi écrit et mis en scène quatre pièces de théâtre. Mais là, tout était différent, je jouais un des personnages clés.

Oh, j'avais déjà joué avant, et même pendant un mois au festival d'Avignon avec mon précédent spectacle ; mais là, c'était différent. *Djihad*, c'est le nom de ce spectacle, parlait de choses beaucoup plus intimes. Trop intimes : il parlait d'islam, d'identité, de cassure, de pertes de repères, de choses que nous quatre dans les coulisses connaissions très bien. Je ne devais pas jouer mon personnage, je m'étais promis de m'occuper uniquement de la mise en scène après l'avoir écrit. Mais le comédien qui devait jouer le personnage nous a fait faux bond, et je me suis retrouvé avec un des personnages clés « orphelin de comédien ». Je n'avais pas le choix, à un mois de la première, il fallait trouver quelqu'un et personne ne voulait jouer un « Belge musulman en perte d'identité, paumé, radicalisé ». Je n'en dormais pas la nuit, j'avais peur de devoir tout annuler. Tous mes amis avaient essayé de me convaincre d'arrêter.

— Là, tu vas trop loin ! Touche pas à ça.

— C'est la pièce de trop, mon gars.

— OK, d'accord, t'as du talent mais pas à ce point-là.

— Ismaël, un conseil, arrête avant qu'il ne soit trop tard.

Vous me connaissez bien, maintenant, cher lecteur, vous savez qu'il m'en fallait un peu plus pour m'arrêter. Mais voilà : je n'avais pas de comédien pour le rôle !

Alors, une nuit, je me suis réveillé, effrayé d'avoir tort. Peut-être qu'ils avaient raison, peut-être que je devrais être heureux de tout ce qui m'arrive et que je ne devrais pas m'attaquer à un sujet si sensible. Et là, au milieu de ma cuisine, en pleine nuit, la petite voix est revenue.

Ma fée clochette m'avait délaissé ces dernières années, je traçais ma route, et elle devait sûrement tracer la sienne en susurrant aux oreilles d'autres. Mais, cette nuit, elle se souvint de moi. Et au milieu de la pénombre, elle me parla à nouveau.

— Fais-le !

— Ça y est, t'es revenue, toi !

— Fais-le !

— Je suis pas con, j'avais déjà compris la première fois, je vais le faire ce spectacle, je sais, là n'est pas le problème, mais je n'ai pas de comédien.

Arrivé ici, vous n'aurez aucun problème, cher lecteur, à croire que je parlais seul dans ma cuisine. N'oubliez pas : parler seul, c'est ma marque de fabrique, mon « copyright ».

— Fais-le !

— Franchement, tu commences à te faire vieille, clochette, tu radotes. Va peut-être parler dans l'oreille de résidents d'une maison de retraite, ça marchera mieux.

— Joue-le !

— En fait, t'as Alzheimer ou quoi, je viens de te dire que… quoi ? Qu'est-ce que t'as dit ?

— Joue-le !

— Jouer quoi ? Le personnage ?

Elle avait disparu, à nouveau.

— Attends, reviens ici toi, jouer quoi ?

Silence.

— Hey, c'est pas juste, tu disparais pendant des années, tu reviens, tu me balances ça comme ça, puis tu disparais. Reviens et parle-moi en face ! Assume pour une fois ! Jouer quoi ?

— Papa, tu parles avec qui ?

Je me retourne. Mon fils venait de se réveiller, on était le matin déjà et je ne m'en étais pas rendu compte. Et, surtout, il m'avait attrapé en flagrant délit de « discussion solitaire ». J'avais honte. Je me suis senti comme le petit enfant que j'étais et dont le frère ne supportait plus les monologues.

— Heu… Personne… Je chantais… en fait…

— Elle est cool ta chanson, « Joue-le ! Joue-le ! ».

— Quoi ?

— Ben c'est toi qui l'a dit, « Joue-le ! ».

Et il s'est installé devant la télé. « Joue-le »… En fait… oui… Ils ont raison tous les deux. Même si ça me tue d'avouer que cette satanée voix a encore raison, mais ils ont raison. C'est tellement intime qu'il faut que ce soit… moi !

Et *Djihad* est née

On tremblait toujours autant derrière les rideaux. J'entends les bruits des gens qui entrent, en masse. On avait lancé les réservations trois semaines plus tôt, et là elles se sont emballées. On a dû bloquer les achats de ticket à la Fnac car il y avait trop de demandes et pas assez de sièges. On ne comprenait pas trop ce qui se passait, mais la salle était remplie. Samir, qui était préposé aux tickets, est venu nous voir paniqué.

— Les gars, y'a trop de monde, faut les faire s'asseoir dans les escaliers.

— Attends, t'es sérieux ?

— Ouais, faut que je retourne vite, car ça va être l'émeute.

On s'est regardé tous, on s'est pris dans les bras[1]. Myriam était juste derrière moi, elle me regardait fièrement. Il y a quelques années, elle avait suivi une formation de maquilleuse et, pendant ses jours de congé, elle venait m'aider sur les plateaux. Là, elle s'était chargée du maquillage de l'équipe. Elle m'a maquillé en dernier, j'ai insisté pour qu'elle soit la dernière personne que je voie avant d'aller sur scène. Elle est tout pour moi. Cela faisait une vie qu'on se connaissait, et le jeune homme de dix-neuf ans qu'elle avait épousé, qu'elle avait rencontré à l'école de police avait fait du chemin, beaucoup de chemin depuis. Elle me maquillait, posait ses mains doucement sur mon visage et ça me rassurait. Ça me rassure quand elle est là. Elle m'a toujours entendu parler seul et ne m'a jamais dérangé. Elle n'a jamais ri. Elle ne m'a jamais dénigré. Pour je ne sais quelle raison, elle a toujours su, depuis le début. Quand je lui ai dit que je voulais écrire des films,

1. Ben Hamidou, Reda Chebchoubi et Shark Carrera dans le rôle de Michel.

elle m'a dit « *vas-y* », lorsque j'ai monté un spectacle, elle m'a dit « *fais-le* », et lorsque je lui ai dit que j'avais pris la décision de jouer dans *Djihad* (en omettant de lui dire que la voix y était un peu pour quelque chose), elle m'a souri et m'a dit : « *Il faut que ce soit toi.* »

Ce sourire, il a toujours été là, il m'a toujours protégé, il m'a toujours enveloppé. Je ne sais pas si le fait d'avoir grandi dans cette même perte identitaire, dans cette même recherche de soi, dans ces mêmes moments de doutes, de solitude, de peur, a fait que nous nous aimions, mais je suis sûr d'une chose : elle était et est toujours… mon autre.

La dernière retouche maquillage était faite. Elle a posé ses lèvres sur les miennes et m'a dit : « *Fais-le.* »

J'ai eu un sursaut en la voyant quitter les coulisses. Sa voix ressemblait à s'y méprendre à celle de ma fée. Quoi ? C'était elle ? Nan, c'est pas possible. On n'est pas connectés en Bluetooth, donc ça ne peut pas être elle. Mais n'empêche… Elles sont connectées toutes les deux. Elle était en train de devenir… mon autre voix… mon autre voie… mon unique voie…

J'étais dans ces belles pensées lorsque j'entendis la présentation du spectacle et le bruit du rideau qui s'ouvrait. J'ai rejoint ma place, j'ai regardé autour de moi, les comédiens étaient prêts.

On pouvait voir un morceau de la salle. Elle était pleine à craquer. Des jeunes, des vieux, des grands, des petits, des Blancs, des Noirs, des cheveux voilés, des cheveux au vent, des djellabas, des jupes. Je me suis surpris à penser qu'il était beau mon pays, qu'elle était belle ma ville. Que pour une fois, j'avais trouvé ma place. J'étais exactement là où j'aurais dû être. J'étais devenu ce que j'avais toujours voulu devenir.

Et là, j'ai pensé à mon père. J'ai pensé à lui dans cette camionnette, à lui qui débarque à Bruxelles, à lui effrayé mais plein de rêves. Il devait aussi penser à ma mère, elle devait aussi être sa voix… sa voie… et moi… j'étais là… sur les planches… Il avait fait ça pour moi. Il m'avait permis d'être ce que je suis. Je pensais à lui et je l'aimais. À défaut de pouvoir lui dire, au moins, je le faisais. Je l'aimais en silence, dans les coulisses de ce théâtre.

J'ai fait signe aux autres comédiens que c'était bon, et le spectacle a commencé… et notre *Djihad* a commencé…

…

Et quel *Djihad*. Au moment où j'ai écrit ce texte, cher lecteur, nous avons été vus par 30 312 spectateurs, dont 15 000 étudiants en moins de six mois. Nous avons commencé par des salles de 180 places et nous nous sommes retrouvés en moins de temps qu'il n'en faut pour le dire devant 1 200 spectateurs réunis dans la même salle. Nous avons joué deux fois, trois fois par jour. Devant un public cosmopolite, métissé, beau, si beau. Chaque représentation était suivie d'un débat que je menais avec des intervenants divers, mais j'étais toujours là pour parler. Parler ! Parler !

Je parlais et on m'écoutait. Je n'étais plus le petit garçon qui criait seul face aux immeubles en pleurant pour que personne ne le voie chez lui ou ne l'entende.

En fait si, je l'étais toujours, mais là, je lui tendais la main, je le portais haut et fort pour que tout le monde puisse l'entendre.

Toutes ces rencontres m'ont changé, ma grotte s'est effondrée et j'en suis sorti définitivement, cette fois. Et, en sortant, quelle ne fut pas ma surprise de découvrir une jeunesse qui, vingt ans plus tard, vivait les mêmes doutes, les mêmes peurs. Cette peur de l'autre était quasi permanente. Et les événements qui se déroulaient dans le monde et qui étaient relayés sur tous les supports médiatiques avaient créé une fracture dans la société. Les jeunes Belges, Français, musulmans se sentaient encore plus rejetés qu'à l'époque. Ils se sentaient méprisés par les médias, par la police, par leurs professeurs : exactement les phrases que balançait mon personnage sur scène.

Rien n'avait changé. Je me souviens, lorsque je revenais à pied chez moi, après l'école, je me disais que cette souffrance qui me rongeait à l'intérieur allait disparaître avec le temps et que dans une vingtaine d'années, la différence n'existerait plus.

Au contraire : elle était encore là et pire qu'avant. J'écoutais ces jeunes qui me disaient avoir peur des musulmans, ne pas les comprendre, ne pas les connaître. J'écoutais d'autres jeunes me dire que tous nos problèmes étaient peu ou prou liés aux juifs. Et je pensais à Gabrielle et je leur répondais. Je pensais à elle, à ce refuge qu'elle était devenue. Je leur racontais ce que j'avais vécu, que ce n'était pas vrai, que les différences sont infimes face à nos points communs.

Et le plus beau ? C'est qu'ils m'écoutaient, c'est qu'ils me croyaient. Que leur grotte s'effritait aussi. Oh, bien sûr, vous me direz, trop lentement, mais en même temps, il m'a fallu près de quarante ans pour briser définitivement la mienne ; on peut au moins leur donner un peu de temps.

D'autant que je sais qu'on peut la briser, cette grotte, qu'on peut la faire disparaître, qu'on peut y faire entrer la lumière.

Ils étaient là, devant moi, et ils me ressemblaient tellement. Blanc et noir, juif, chrétien, musulman, athée, homo et hétéro, ils étaient comme moi. En recherche d'eux-mêmes. Et ils avaient besoin d'aide comme moi j'avais besoin de toutes ces mains qui m'avaient porté.

J'avais eu Madame, j'avais eu Gabrielle, j'avais eu Hanane, j'avais eu Myriam. Je leur disais à quel point le monde était plein de gens comme eux et qu'il fallait juste les regarder.

J'ai rencontré des jeunes de partout en Belgique, et même dans le Nord de la France. Mon histoire était un peu la leur. Et ce spectacle, qui devait parler du djihad quelque part de l'autre côté du monde, a fini par parler… de moi, de nous, d'une génération perdue, en manque de repères, qui part faire la guerre et qui a besoin d'un regard, d'un sourire, d'un brin d'amour pour exister.

Mes enfants m'ont suivi dans de nombreux débats. Ils m'écoutaient, ils me découvraient, ils découvraient ma vie. Je me souviens, un soir après un débat, j'étais en train d'écrire dans le salon et mon fils aîné est venu me trouver.

— Papa, tout ce que tu racontes dans le spectacle, tu l'as vraiment vécu, vous l'avez vraiment vécu, toi, maman et les autres ?

J'étais interloqué par sa question, je l'ai regardé et lui ai souri.

— Oui, mon garçon, on l'a vraiment vécu.

— Waouw, ça craint !

Puis il s'est éloigné et m'a regardé en me faisant un signe qui veut dire « respect » dans son langage. Je l'ai regardé s'éloigner et je me suis dit que je ne le laisserai pas entrer dans cette grotte. Jamais ! Et malgré la fatigue, j'allais continuer les représentations et les débats le plus longtemps possible. Il faut qu'on sorte de cette grotte.

« Sortir des ténèbres vers la lumière », comme dirait le Coran, ce livre qui ne m'a plus jamais quitté depuis mon enfance et qui me rassure encore quand j'ai peur, qui me protège encore quand je me sens en danger face aux extrémismes, à l'obscurantisme.

Je sais, cher lecteur, vous devez vous dire : « Il nous rebat encore les oreilles avec son Coran. » Mais vous avez raison, c'est « mon Coran ». Il est devenu le mien le jour où j'ai décidé de le lire. Le jour où j'ai décidé de sortir de l'obscurité dans laquelle je me noyais, le jour où je suis devenu…

Un musulman d'ici.

J'aimerais remercier ceux sans qui ce livre n'aurait jamais pu voir le jour :

Mohamed Saidi, parce qu'en prenant la courageuse décision de tout quitter, de tout abandonner, m'a permis de naître là où je n'aurais jamais dû…

Assiya Makrai Lamarti, pour avoir suivi celui qu'elle aimait et qui, par son abnégation et sa détermination, nous a donné l'éducation et l'amour dont tout être humain a besoin pour grandir…

Madame, pour m'avoir aimé inconditionnellement et pour m'avoir appris à aimer de la sorte…

Monsieur Poppé, pour m'avoir fait découvrir les planches…

Roxane, pour avoir vu en moi autre chose qu'un élève « étranger » alors que d'autres ne voyaient que ça…

Hassan Iquioussen, pour avoir été le phare au milieu de l'obscurité…

Jean-Jaques Goldman et G…, pour m'avoir sauvé à leur insu…

Myriam, Isaac, Abel et Camil, car aujourd'hui, c'est vous qui êtes mon île…

Zakaria, Younes, Yousra et Ilias car vous êtes la meilleure tribu qu'on puisse avoir…

Véronique de Montfort qui a cru que les aventures d'un musulman d'ici pourraient peut-être intéresser quelqu'un…

Et enfin, le dernier mais non le moindre :

Le Clément, Le Miséricordieux, pour avoir choisi de faire de la miséricorde son attribut premier et pour m'avoir guidé et protégé tout en me rappelant à chaque moment de doute que s'Il a créé l'humanité c'est pour qu'elle soit avant tout à son image : clémente et pleine d'amour.

Librio +

Le dossier de l'élève

Des pages en + pour s'approprier le texte,
le comprendre sans notes, et s'exercer !

■ Fiche élève 1 : Questionnaire de lecture

1. « Bienvenue dans ce voyage ».

a. Lisez les deux premiers paragraphes du roman (p. 7). Quelles sont vos premières impressions de lecture ?

b. Lisez la première page du roman, et la suite jusqu'à « si différent… » (p. 8). On peut dire que le début d'un roman conclut un « pacte » avec le lecteur. Ici, que semble nous promettre le texte ? Vous pouvez exploiter le paratexte (titre, nom de l'auteur, 1e et 4e de couverture).

c. À partir de l'ensemble du chapitre 1, dressez une fiche d'identité du narrateur. Par quels éléments choisit-il de se présenter ?

d. Imaginez que vous êtes des amis de l'auteur. Il vous a envoyé ce premier chapitre en expliquant qu'il vient de l'écrire et il vous demande si, selon vous, il doit écrire la suite. Qu'allez-vous lui répondre ? Dans ce chapitre, qu'est-ce qui peut donner envie de lire la suite ? Qu'est-ce qui peut rebuter le lecteur ?

2. Du chapitre « Où Nana Mouskouri… » (p. 13) à la fin du chapitre « Devenir père… » (p. 108).

Choisissez un passage qui montre que le personnage se cherche (il se demande qui il est). Relevez le numéro de la page et le titre du chapitre, résumez la situation et choisissez une citation révélatrice dans le passage.

3. « Il y a cadavre et cadavre » (p. 109-111).

a. Quels sont les deux principaux épisodes de ce chapitre ? Quels sont leurs points communs et leurs différences ?

b. Quels liens pouvez-vous établir avec le chapitre précédent ?

c. Selon vous, pourquoi cet événement l'a-t-il « transformé à tout jamais » (p. 109) ?

d. D'après vous, la honte nous rabaisse-t-elle ou nous fait-elle grandir ?

4. « L'envie d'écrire » (p. 117-119).

a. Quel est le problème du personnage ?

b. Comment trouve-t-il la solution ?

c. Selon vous, comment peut-on savoir pour quoi on est fait ?

5. Bilan : un roman d'apprentissage.

a. Qu'est-ce qui a changé pour le personnage entre la première et la dernière page ?

b. Choisissez un thème, par exemple parmi : famille, travail, religion, identité ou écriture. Dans l'ensemble du livre, relevez les principaux événements liés à ce thème. Si possible, repérez une situation initiale, une crise et une recherche de solutions, et un dénouement. Qu'est-ce qui a fait avancer le personnage ?

c. Choisissez un passage du roman qui vous a marqué. Demandez à quelqu'un de votre entourage de vous « interviewer » à ce sujet et enregistrez-vous.

▪ Fiche élève 2 : vocabulaire

1. À vos dictionnaires !

a. Auto-bio-graphie : cherchez d'autres mots comportant l'une de ces trois racines, puis déduisez-en le sens de ce mot.

b. Le narrateur parle d'une « petite voix » qu'il entend. Dans un dictionnaire étymologique, recherchez des mots issus de la racine latine.

c. Une autobiographie rapporte des événements « vrais ». Recherchez la nuance de sens qu'il y a entre ces synonymes : Vrai, vraisemblable, véridique, vécu, réel, réaliste, plausible, crédible, probable, authentique, avéré, exact.

d. Recherchez les antonymes des mots de la question c).

e. Quel sens commun voyez-vous dans *spectateur*, *inspecteur* et l'anglais *spectacles* ? Déduisez-en le sens d'*introspection*. Cherchez ensuite des synonymes de ce terme.

2. Sans dictionnaire.

Relisez de la p. 128, « J'ai fini cette série sur les genoux » à p. 129, « J'ai repris l'écriture de plus belle ».

a. Qu'est-ce qui change entre le début et la fin de ce texte ? Quels sont donc les deux champs lexicaux antonymes qu'on peut y rechercher ?

b. Qu'est-ce qu'un propos redondant ? Cherchez-en dans le texte. Quel est l'effet produit ?

c. Cherchez le sens de « concret », « audimat » et « culte ». Expliquez comment ces mots peuvent renforcer l'impression produite sur le lecteur.

d. Relevez un mot qui, selon vous, résume bien le texte, et justifiez votre choix.

■ Fiche élève 3 : langue

1. Dis-moi comment tu parles, je te dirai qui tu es.

Relisez de la p. 23, « ça sentait la nourriture », à la p. 25, « ils ne parlaient pas d'expresso en grains, les gars ».

a. Quelles sont vos premières impressions à la lecture de ce passage ?

b. Caractérisez le style de l'auteur dans ce passage, en relevant :

— les marques de l'énonciation (tout ce qui révèle qui parle à qui) ;

— les interventions directes du narrateur ;

— la ponctuation ;

— les niveaux de langue ;

— la syntaxe : les phrases disloquées.

c. L'ethos est l'image qu'on donne de soi à travers notre discours, notre façon de parler. Quel ethos se dégage du texte ? Rédigez une explication à partir de deux des points étudiés à la question précédente.

2. Réécriture.

Réécrivez le passage suivant en respectant les normes de la langue écrite.

> Elle, c'est Gabrielle ! Heu... Vous pensez bien que c'est un nom d'emprunt. Non mais ! Je veux bien raconter mon intimité, mais y'a des limites quand même ! Gabrielle, elle avait ce côté fougueux, nonchalant, artiste qu'on ne voyait qu'à la télé. [...] Elle ne voyait pas en nous des « Arabes » ou des « musulmans », mais juste des potes avec qui elle s'amusait et qui la faisaient rire. (p. 67)

3. Dictée.

Préparez la dictée ci-dessous. Pour cela :

— Quel est le principal temps verbal utilisé ? Revoyez sa conjugaison.

— Relevez tous les adjectifs et participes passés, et justifiez leur accord.

— Soulignez tous les homonymes ce/se, a/à, la/là, ou/où et justifiez.

— Quand écrit-on -er, -é ou -ait quand le mot verbe finit avec le son [e] ou équivalent ?

— Recopiez les mots dont vous ne connaissez pas bien l'orthographe.

> Ce qui m'importait, ce n'était pas le local en tant que tel, mais le fait qu'une demande, considérée comme légitime, valait la peine de se battre pour elle. J'ai compris bien plus tard qu'une école n'était pas la place pour un local « religieux », et si c'était à refaire, je ne le referais peut-être pas. Mais, encore une fois, j'apprenais à vivre en société, en démocratie. [...] Là, avec ce local, je ne subissais pas, je décidais. La réunion que j'ai eue avec le directeur, d'égal à égal, m'avait boosté. Je voulais faire quelque chose de ma vie, je voulais servir, je voulais décider. Je ne savais juste pas comment y arriver et puis, à dix-sept ans, on ne sait pas encore où l'on va. (p. 71)

▪ Fiche élève 4 – Expression : se raconter pour émouvoir

1. À l'écrit.

Écrits d'invention

a. La petite voix. Un personnage a tout pour être heureux, mais il entend une petite voix qui le pousse au changement. Racontez cette histoire en trois paragraphes.

b. Sortir de la caverne. Le narrateur écrit, en citant le mythe de la caverne de Platon : « nous ne connaissions de l'autre que les reflets, que les ombres, que les représentations que nous nous en faisions. Et c'était évidemment valable pour l'autre aussi, qui ne savait rien de nous, rien d'autre que ce que les médias projetaient comme ombre dans leur caverne. Il fallait sortir de cette caverne et voir réellement qui étaient les autres » (p. 114). Racontez l'histoire d'un personnage qui dépasse ses préjugés.

> Commencez par réfléchir à l'histoire : qui est le personnage ? Quels sont ses préjugés ? Qu'est-ce qui le pousse à changer ? Que fait-il pour manifester ce changement ?
> En rédigeant, retournez à la ligne à chaque grande étape du récit.

c. Se raconter pour émouvoir. Choisissez un passage du roman qui vous a marqué. Quelles émotions avez-vous ressenties ? Écrivez ensuite un récit à la première personne pour éveiller la même émotion chez votre lecteur.

> Vous devez utiliser le « je », mais vous pouvez inventer : le narrateur ne se confond pas nécessairement avec l'auteur.
> En écrivant, attention à garder à l'esprit votre intention : ne vous laissez pas entraîner dans une autre direction par votre récit. Vous pouvez par exemple écrire le nom de cette émotion en gros sur une feuille de brouillon pour la garder sous les yeux.

d. Retour aux origines. À propos des étés passés à Tanger, le narrateur écrit : « Les vacances étaient un retour aux origines, finalement » (p. 28). Vous êtes adulte, vous rédigez votre autobiographie et racontez des vacances qui ont été pour vous un « retour aux origines ». Votre rédaction sera d'une longueur minimale d'une soixantaine de lignes (300 mots environ).

Écrits argumentatifs :

e. Se dire « je t'aime » ou pas. Le narrateur écrit : « On ne parle pas d'amour chez nous, c'est tabou. On ne dit pas à son père qu'on l'aime, c'est gênant » (p. 47). Qu'en pensez-vous ? Faut-il exprimer ses sentiments en famille ?

Commencez par tracer un tableau à deux colonnes, « pour » et « contre ». Cherchez au moins trois arguments par colonne. Ajoutez aussi des exemples (des livres, des films…).
Rédigez ensuite selon ce canevas :
Présentez la question.
« Tout d'abord, on pourrait penser que… »
« Toutefois, selon moi,… »
Donnez votre conclusion.

f. « J'aimerais remercier… ». Le livre se termine par une série de remerciements (p. 141). Et vous, qui voudriez-vous remercier pour ce que vous êtes aujourd'hui ?

Sur une feuille de brouillon, que vous ne remettrez pas à l'enseignant, faites une première liste de personnes. Choisissez-en trois. Au propre, expliquez en quelques lignes pourquoi vous voudriez remercier chacune de ces trois personnes. Variez la formulation et soyez précis et original.

g. Lettre à l'auteur. Écrivez une lettre à Ismaël Saidi.

Au brouillon, remplissez un tableau à deux colonnes : j'ai apprécié/je n'ai pas apprécié. Écrivez pour vous, tout ce qui vous vient à l'esprit, sans censure.
Triez ensuite ce que vous avez écrit et adaptez-le à votre destinataire : barrez, reformulez, modalisez en remplaçant les jugements de valeur par des impressions personnelles.

Cherchez aussi cinq questions que vous pourriez lui poser, puis gardez-en deux.
Rédigez ensuite votre lettre, en respectant les codes du genre :

Lieu, date

Cher…
Une phrase d'accroche
Ce qui vous a plu le plus et pourquoi
Ce qui personnellement vous a moins plu et pourquoi
Deux questions
Conclusion
Formule de politesse
Signature

h. Selon vous, quel plaisir peut-on prendre à lire ou regarder une œuvre autobiographique ? Vous répondrez à cette question dans un développement argumenté en vous appuyant sur votre expérience, sur vos lectures, votre culture personnelle et les connaissances acquises dans l'ensemble des disciplines. Votre rédaction sera d'une longueur minimale d'une soixantaine de lignes (300 mots environ).

2. À l'oral.

a. Lecture expressive d'un passage du chapitre « Le mollusque qui entre dans un bar » (p. 79 à 81). En groupe de cinq ou six élèves, répartissez-vous le texte de ce chapitre. Entraînez-vous à le lire de façon naturelle et expressive.

b. Une vérité et un mensonge sur moi. En petits groupes, énoncez deux affirmations sur vous : une vérité et un mensonge (sur votre famille, vos goûts, vos compétences, votre vécu…). Les autres élèves vous interrogent pendant trente secondes. Une fois que tous les narrateurs sont passés, vous votez pour l'affirmation que vous pensez être véridique, pour chaque élève, en remplissant ce tableau :

	Nom des élèves qui pensent que l'énoncé A est vrai, et que le B est faux	Nom des élèves qui pensent que l'énoncé A est faux, et que le B est vrai
Nom du premier narrateur		
Nom du deuxième narrateur		
…		

Ensuite, pour chaque narrateur, la vérité est révélée. Pour chaque narrateur, on entoure en vert la case de la vérité et en rouge celle du mensonge. Il y a deux gagnants : celui qui a le mieux deviné (celui dont le nom figure le plus souvent dans les cases vertes) et celui qui a le mieux trompé les autres (celui qui a le plus d'inscrits dans la case rouge de sa ligne).

c. Savoir écouter. Lorsque le narrateur est chargé de recueillir les plaintes des victimes au commissariat, il dit se sentir enfin à sa place (p. 99). Par deux, entrainez-vous à écouter activement. Pendant une minute, l'un de vous se plaint, l'autre écoute et réagit. À la fin, le « plaignant » explique s'il s'est senti entendu. Puis vous inversez les rôles.

> Des scénarios possibles : un élève et son délégué après un contrôle ; un enfant et son grand frère à propos de leurs parents ; deux amis à propos d'un troisième ;…
> Des outils pour celui qui écoute : regarder dans les yeux ; dire « hmmhmm » ; poser des questions ouvertes (« comment as-tu perçu… ») ; reformuler ce que l'autre dit sans le juger : « tu t'es senti… », « tu es inquiet car… », « tu es déçu de… », « tu as l'impression que… »

d. « Ça me fait penser à ». En petits groupes, un élève est tiré au sort pour commencer. Il ouvre le livre au hasard et lit une phrase. Aussitôt, son voisin de gauche doit raconter une anecdote, en commençant par « ça me fait penser à », puis on continue ainsi en tournant et en commençant toujours par la même formule pour rebondir sur ce qui a été dit. On est éliminé si on reste 10 secondes sans parler, ou si on oublie la formule, ou si on raconte quelque chose qui n'a aucun rapport avec l'intervention précédente. L'élève qui reste le dernier en lice gagne le prix de l'imagination. Un second prix, celui de l'émotion, est décerné par un vote à l'élève dont les histoires ont le plus touché ses camarades.

▪ Fiche élève 5 : pour aller plus loin

1. Exposés.

a. Présenter une autobiographie célèbre. Choisissez une œuvre de la liste ci-dessous. Préparez un exposé qui comprendra :

- — une présentation de l'œuvre ;
- — la lecture d'un passage qui vous a marqué ;
- — la justification du choix de votre extrait ;
- — un bilan sur votre démarche et de vos éventuelles difficultés.

Quelques autobiographies célèbres :

Augustin, *Confessions*
Hervé Bazin, *Vipère au poing*
Simone de Beauvoir, *Mémoires d'une jeune fille rangée*
Elias Canetti, *La Langue sauvée*
Giacomo Casanova, *Histoire de ma vie*
Céline, *Mort à crédit*
François-René de Chateaubriand, *René* ; *Mémoires d'outre-tombe*
Mohamed Choukri, *Le Pain nu*
Colette, *Sido* ; *La Maison de Claudine*
Alphonse Daudet, *Le Petit chose*
Charles Dickens, *David Copperfield*
Romain Gary, *La Promesse de l'aube*
Charles Juliet, *Lambeaux* ; *L'Année de l'éveil*
Camara Laye, *L'Enfant noir*
Violette Leduc, *La Bâtarde*
Alfred de Musset, *La Confession d'un enfant du siècle*
Georges Perec, *W ou le Souvenir d'enfance*
Jules Renard, *Poil de Carotte*
Jean-Jacques Rousseau, *Les Confessions*
George Sand, *Histoire de ma vie*
Nathalie Sarraute, *Enfance*
Jean-Paul Sartre, *Les Mots*

Marguerite Duras, *Un barrage contre le Pacifique* ; *L'Amant* ; *L'Amant de la Chine du nord*

Gertrud Stein, *L'Autobiographie d'Alice Toklas*

August Strindberg, *Le Fils de la servante*

Vous pouvez également consulter votre professeur-documentaliste au CDI.

b. Texte et image. Choisissez un passage du livre qui vous a plu. Cherchez une œuvre d'art à laquelle vous voyez un lien avec le texte.

Une phrase d'introduction. Lecture du passage. Présentation de l'œuvre. Description des principales différences entre les œuvres, puis points communs pour justifier votre choix. Impression personnelle devant l'œuvre d'art. Bilan de la démarche : si vous avez changé de passage, comment vous avez trouvé le tableau, si vous avez rencontré des difficultés…

2. Histoire des arts :

En petit groupe, choisissez un film de la liste ci-dessous. Vous allez le regarder, en étudier la structure (qu'est-ce qui change entre le début et la fin ?), choisir la scène qui vous a paru la plus intéressante, et l'analyser. Ensuite, vous présenterez ce film à un autre groupe de la classe.

Films d'inspiration autobiographique :

L. Boileau et Jung, *Couleur de peau : miel*

G. Corbiau, *L'Année de l'éveil*

C. Miller, *Un secret*

N. Moretti, *Journal intime*

M. Satrapi et V. Parronnaud, *Persepolis*

A. Tarkovski, *Le Miroir*

J.-F. Truffaut, *Les Quatre Cents Coups*

A. Varda, *Les Plages d'Agnès*

Pour analyser une scène :
À quoi sert-elle dans le film ? Qu'est-ce qui change entre le début et la fin ?
Par quels moyens cette intention est-elle remplie au niveau de :
— la typologie des plans (plan d'ensemble, gros plan…) ;
— les décors et les costumes ;
— le jeu des acteurs : intonation, mouvements, gestes…
— le dialogue ;
— la lumière ;
— les sons et la musique ;
— le montage.
Pour présenter votre film à l'autre groupe : répartissez-vous les rôles (présentateur, expert en analyse filmique, techniciens…).
Le jour de l'oral, vous présentez le film, présentez la situation de l'extrait, projetez l'extrait, l'analysez, justifiez vos choix.

Achevé d'imprimer en Italie par Grafica Veneta
en octobre 2023
Dépôt légal mai 2017
EAN 9782290137154
OTP L21ELLN000787-626307-R6

—

Ce texte est composé en Lemonde journal et en Akkurat

—

Conception des principes de mise en page :
mecano, Laurent Batard

—

Composition : PCA

—

ÉDITIONS J'AI LU
82, rue Saint-Lazare, 75009 Paris
Diffusion France et étranger : Flammarion

Librio

1201